# ゼロからはじめる
# 心理学・入門
人の心を
知る科学

[改訂版]

INTRODUCTION TO PSYCHOLOGY

著・金沢　創
市川寛子
作田由衣子

有斐閣ストゥディア

# はしがき

本書は心理学の教科書として企画された。したがって，この本を読めば，一通り心理学の知識が学べるように構成されている。主に基礎心理学を専門とする３人の著者が書いているため，その内容は基礎心理学／実験心理学から見た内容となっているが，この内容こそが心理学の中心であると自負している。

考えてみれば，心理学という学問は，人の活動すべてに関わるものであるがゆえにその内容は多岐にわたっている。現代の心理学は，その内容が細分化され，すべてを網羅するには何冊もの事典のような厚さが必要になる。本書の中で取り上げた実験や現象は，心理学という大きな海のほんの一部であるが，本書がその広大な心理学の海へ漕ぎ出すための手がかりとなれば幸いである。

本書は２つの点に注意して書かれた。１つはできるだけ簡単であること。もう１つはできるだけ自分の頭で考えるような本にすること，である。

「簡単である」ことと「自分の頭で考える」ことは一見矛盾する。簡単であるなら，考える必要もないだろう，と思われるからだ。しかし，事前の知識をできるだけもたないようにする，という意味では共通する。本書を「ゼロから」というタイトルにした意図はここにある。

スポーツは見るよりも実際にやるほうが楽しいだろう。プロの美しいサッカーの試合は，観客として楽しむこともできるかもしれない。しかし，自分の足で蹴ったボールの感覚は，自分の身体に刻み込まれる体験となる。学問も同じだ。世界の最先端を行く心理学論文を読むこともまた感動をもたらすだろう。が，自分の頭で考えてたどり着いた結論は体に刻み込まれ一生のものとなる。そのための道具として本書が役立つことを願っている。

本書を執筆にするにあたっては，共著者のお２人と何度も会議をもった。つい話が脇道にそれがちな私に，繰り返し疑問点が呈示され，これに答える形で私の本書の担当章が進められたといってよい。彼女たちに，お願いした担当章以上の仕事をさせてしまったことを申し訳なく思うとともに，その仕事ぶりに感謝の意を表したい。図らずも，彼女たちの大学への異動と本書の完成が重なったことをうれしく思っている。

そして，まとまりがつかなくなりそうな会議の進行を粘り強く見守っていただき，校正段階においても何度も筆の遅い私を激励していただいた編集の中村さやかさんに，特別の感謝をお伝えしたい。中村さんが本書の企画をもってこられたのは何年前だろうか。ようやくそのお願いにお答えできたこと，ここに安堵する次第である。

2015 年 8 月

金 沢　創

## 改訂版にあたって

今回の改訂版では主にコラムを活用し，新たなトピックや，その分野を代表するような研究手法の説明を追加した。他の教科書では省略していたりわかりにくかったりする箇所を，できるだけ丁寧に解説しながら，しかし「ゼロからはじめる」ことができるよう重要な文献もリストにしてある。本書と照らし合わせながら勉強を進めていただきたい。

本書の初版から 10 年近い月日がたった。10 年は学問を進展させるには十分な時間である。特に臨床・医学に関わる分野については，現実の社会との接点をもちながら用語や概念も次々と変化している。この変化に対応すべく，特に第 **3** 部「心の問題のとらえ方」では，用語と図表を見直し，新しい流れについてもコラムを通じて補完している。ぜひ本書を利用し，そして自分の頭で考えながら「ゼロから」心理学をはじめてほしい。

改訂版では，共著者のお 2 人との協議により作業を進めた。ときに大幅に手直しいただき，よりバージョンアップしたものができたと考えている。また，今回新たに担当いただいた猪石有希さんにはたいへんお世話になった。改訂版を出したい，と市川先生，作田先生，前担当の中村さやかさんと打ち合わせを行ってから，予想外に（あるいは予想通りに）時間がたってしまったのは筆者の至らぬ点である。改訂版をみなさんと一緒に作れたことに深く感謝の意を表したい。

2025 年 1 月

金 沢　創

# 著 者 紹 介


## 金 沢　創（かなざわ　そう）

担　当　序，第 **1**, **2**, **3**, **4**, **6**, **7** 章，**8** 章 1・2 節・Column ⑬，**11** 章，**12** 章 1・2 節・Column ⑱⑳

現　在　日本女子大学人間社会学部教授

主　著　『他者の心は存在するか――〈他者〉から〈私〉への進化論』（単著）金子書房，1999 年。『改訂版　乳幼児心理学』（共編著）放送大学教育振興会，2016 年。


> 読者へのメッセージ
> 　心理学の普通の教科書とは一味違うものをめざしました。それは自分の頭で考えてみること。丸暗記よりも考えたほうが勉強はおもしろいですよ！


## 市 川 寛 子（いちかわ　ひろこ）

担　当　第 **5** 章 1・2 節，**10** 章，**12** 章 3 節・Column ⑲

現　在　東京理科大学教養教育研究院教授

主　著　『改訂版　乳幼児心理学』（分担執筆）放送大学教育振興会，2016 年。『ワークで学ぶ発達と教育の心理学』（分担執筆）ナカニシヤ出版，2020 年。


> 読者へのメッセージ
> 　人は誰でも，自分の心や他者の心について考えることがあると思います。この本が，みなさんが心理学者になる一歩を踏みだすきっかけになれば幸いです。


## 作田 由衣子（さくた　ゆいこ）

担　当　第 **5** 章 3 節，**8** 章 3 節，**9** 章

現　在　実践女子大学生活科学部准教授

主　著　『事例による認知科学の研究法入門―― R コマンダーの活用法と論文の書き方』（分担執筆）東京大学出版会，2013 年。『美と感性の心理学――ゲシュタルト知覚の新しい地平』（分担執筆）日本大学文理学部，2007 年。


> 読者へのメッセージ
> 　これまで，心理学について学んだことがない方に読んでいただきたい本です。この本をきっかけに，学問としての心理学に興味をもっていただければと思います。

# 目　次

## 第2部 さまざまな心のメカニズム

## CHAPTER 11 発達の偏りと多様性 176

発達障害

CHAPTER 12



インフォメーション

●各章のツール　各章には，WHITEBOARD，KEYWORDS，POINT が収録されており，適宜 Column，note が挿入されています。

＊WHITEBOARD：授業の板書をイメージした図で各章を概観します。

＊KEYWORDS：本文中の重要な語句および基本的な用語。本文中では太字（ゴシック体）にし，章の冒頭には一覧にして示しています。

＊POINT：そこまでの要点をわかりやすく簡潔にまとめます。

＊Column：本文の内容に関連したテーマを，読み切り形式で解説。

＊note：本文中で右上に★印をつけている文や用語についての補足情報。

●索　引　巻末に，項目を精選した索引を用意しました。

●ウェブサポートページ　学習をサポートする資料を提供していきます。
https://www.yuhikaku.co.jp/static/studia_ws/index.html

イラスト：オカダケイコ

CHAPTER 0

序章

# 心は目に見えない

## 計量心理学

WHITEBOARD

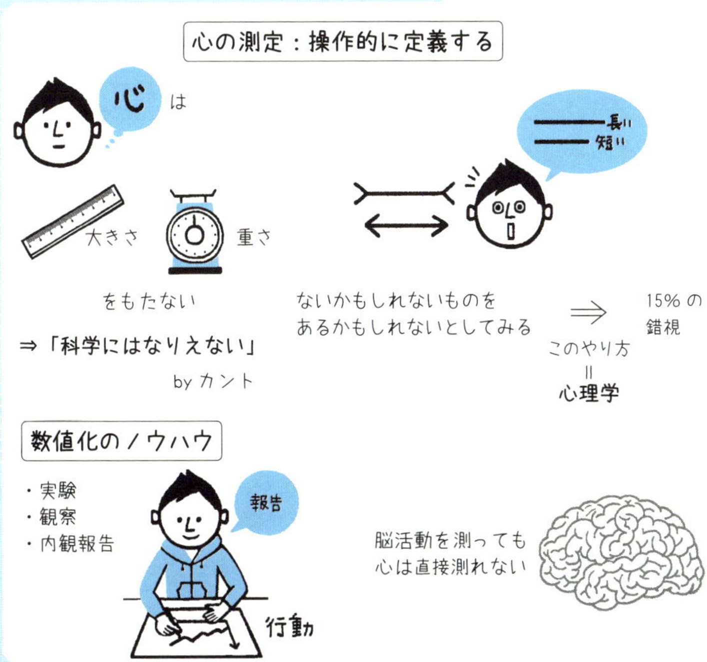

**KEYWORDS**

数値化　統計　自然科学　カント　ミュラー・リヤーの錯視　錯視量　心理量　操作的定義　指標　実験手続き　測定方法　実験内観報告　観察　尺度　間隔尺度　比率尺度

# 1 心理学のイメージ

## 人の心が読めるというイメージ

心理学を勉強すると，人の心が読めるようになると思われているらしい。何か日常の動作や行為の背後にある無意識の意図や，隠された考えや動機を明らかにする。それが「心理」という用語の，最も日常的なイメージだろうか。その「学」であるから，この学問の体系を学べば，行動や表情から他人が考えていることを読み取ることができる。さらには自分でも気づかなかったような隠された己の動機がわかるようになる。心理学を学ぼうとする多くの学生たちの目的は，こうした隠されて普段は見ることができない「心」を，「見える」ようにするテクニックの獲得ということになるのだろう。

こうした期待をもって多くの高校生が大学の心理学科に進学してくる。しかしたいていの場合，この期待は裏切られる。というのももしあなたが，どこの大学であるにせよ，心理学を学ぼうというのであれば，「実験実習」や「心理学統計」という科目が必ず用意されている。実験を行い，それを数値化し，統計的な手法を用いることが，心理学の核となる手法なのである。人の心を解き明かすために話をするのではなく，なぜか数学や確率の計算が必要となる。それは，夢を分析したり，何やら抽象的な図形

心理学を学ぶと人の心が読めるってホント？

を見せたりしながら，隠された欲望を明らかにするといった一般的にイメージされている作業とはまったく異質なものだ。カウンセリングなどの臨床心理学的なイメージを心理学に求める多くの人は，ここで面食らうようである。

このギャップはなぜ生まれるのだろうか。なぜ一般的に「心理学」でイメージされるものと，実際の心理学とは異なっているのだろうか。別の角度から問うならば，人の心を研究するために，なぜ数値化したり，統計を用いたりする必要があるのだろうか。

## 心を数値化する必要

オープンキャンパスなどで高校生から「心理学の勉強をしたいのですが数学が必要でしょうか」と聞かれることがしばしばある。そんなとき筆者は「いや，数式を解いたりする必要はありません。大丈夫ですよ」とにこやかに対応し，もしその高校生がやる気に満ちた顔をしているなら，「ただし，心を数値化することになじむ必要はあります」と付け加えることにしている。

「人の悩みを聞いて，カウンセリングを行いたい」「昔から，人の話を聞くのは好きだったので，ぜひ心理学を勉強してみたい。しかし統計はできればやりたくない」「数学を学ばねばならないようだし，何より心を数値に置き換えて議論することは好きではない」。心理学の勉強を希望する高校生の本音としてはこんな感じであろうか。あるいは，心理学科に所属する大学生の多くもまた，同じ本音かもしれない。

しかし，「心を数値に置き換える」という作業が必修となっている背後には，きちんとした理由が存在する。その理由を詳しく説明するためには，少しだけ「心」というものの実在をめぐる哲学的な議論と関わることになる。多くの心理学概論の教科書は，こうした哲学的な議論はメンドウというか当然の前提ということで省略されている。しかし，本書では，少しだけ立ち止まって，背後にある理由にも思いを馳せながら，オーソドックスな心理学の概念を解説していくことにしよう。

**POINT**

- □ 1 学問としての心理学は,「カウンセリング」や「人の心を読む」といった一般のイメージとは違う学問である。
- □ 2 心理学では, 心を数値化したり統計を用いたりする。
- □ 3 「心を数値化する」ことを考えるには, 哲学的な議論が必要となる。

## 2 大きさ, 重さ, 形のない「心」をどうとらえるか

### 心理学は自然科学か

他人の感じている心の世界を知ること。たとえば喜びや悲しみといった感情でもいいし, 昔懐かしい思い出でもいい。専門用語でもある「感情」や「記憶」とよばれるこれらのものが心の中でどのような風貌をもって表れているのか。それを誰もが共有できる言葉で記述することが心理学という学問のめざすところである。

「誰でも共有できる」というのは自然科学の1つの特徴だ。心理学も, 過去の文献だけではなく, 事実に学ぶ学問であるとするならば, 自然科学の一種であるといえるだろう。

しかし, 心理学が他の自然科学と1つだけ違うところがある。それは対象にしているものである「心」が「存在しない」, つまり, 大きさ, 重さ, 形をも

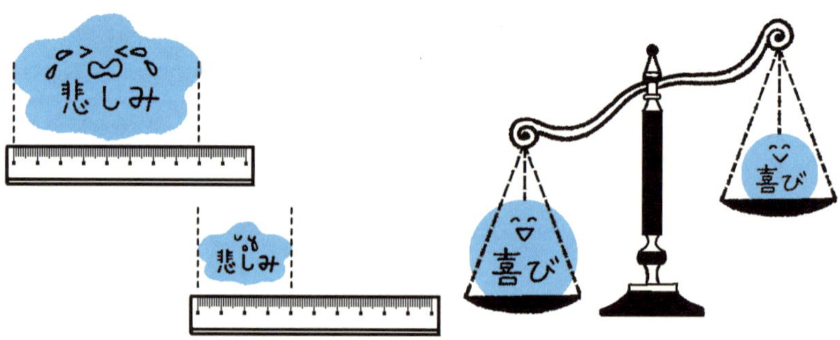


喜びや悲しみに大きさや重さはない?!

たないという点だ。

私が現に喜んだり悲しんだりしていることが「存在」しない？ そんなはずはないだろう。少なくとも私が感じているこの世界は，私の心から成り立っているのではないか？ 存在しないなんていわれると，そう反論したくなるであろう。しかし，確かに，実際に，どのような道具を使っても，心の「大きさ」「重さ」「形」を測ることはできない。

## カントの不可能テーゼ

実は「心理学」が対象とする「心」は，物理学が対象とするような「物」とは違っているということを，少し難しい言葉で説明しながら「心理学は自然科学として成立しえない」といった人がいた。認識論哲学で有名なI. カントである。カントは，『自然の形而上学』（1786年）において心理学にふれ，その不可能性の主張を行っている。つまり，心理学の対象となる存在が大きさや重さなどがない存在であるがゆえに自然科学の対象とはなりえないとの議論を行ったのである。

これはしごくまっとうな議論で，こういうエラい人がいうのだから，心理学なんてたぶん成り立たないのだろうとみなは長らく考えてきたのである。

カント先生もいうように，心理学なんて学問はそもそも無理があるようにも思える。私がうれしかったり悲しかったりすることには疑いがないが，その大きさや形を，この世界にある装置で測ることはできない。確かに存在するのだけれど，それは私にしかわからない。どの程度うれしい／悲しいのかは，他人には決してわからない。感情をどれぐらいどのような形で感じているのか，測ることも他人に示す手立てもない。測ることができないものは科学の対象になりえない。こう考えれば，なるほど心理学は学問として成立しえないと考えても不思議ではないだろう。

では，現在成立している心理学は，なぜ，どのようにして可能なものとなっているのか。そこにどのようなトリックがあるのだろうか。

そのトリックとは，簡単にいえば，カント先生の警告を乗り越えたというよりも，無視してみた，といったほうがよい，そのやり方にある。ミュラー・リヤーの錯視の測定を例に考えていこう。

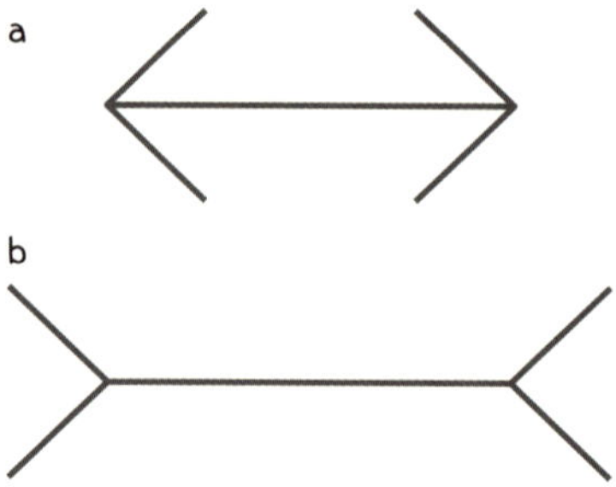


ミュラー・リヤーの錯視図形

### ミュラー・リヤーの錯視

ミュラー・リヤーの錯視図形とは，上下の横線の長さが，本当は同じであるにもかかわらず一見すると下のほうが上よりも長く見えるという，ちょっとした「だまし絵」のような図形のことである。もっと複雑なだまし絵のほうが楽しいと思われるかもしれないが，こんな簡単な線分だけでつくれるというところが，この図形のポイントである。

実験実習の授業では，図 **0.1** の写真のような装置を使って，「どれぐらい長く見えているか」を記録していく。具体的には，まず左上の **b** を任意の長さに呈示し，次に **a** の横線と同じ長さに見えるように **b** の長さを調整する。この装置の裏側には定規がついており，その目盛をメモするのである。ここからは心理学の細かい方法論になるが，目盛を最小値からスタートして少しずつ大きくしてみたり，最大値からスタートして少しずつ減らしてみたりしながら，いろいろな方法論を試して繰り返す。そんなのどっちでもいいじゃないかと思われるかもしれないが，案外そうでもなくて，測定手続きで微妙な違いが出る。その手続きにもいちいち名前がついていて，なぜそのような手続きにするのか

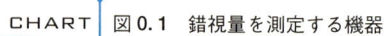

CHART　図 0.1　錯視量を測定する機器

表

裏

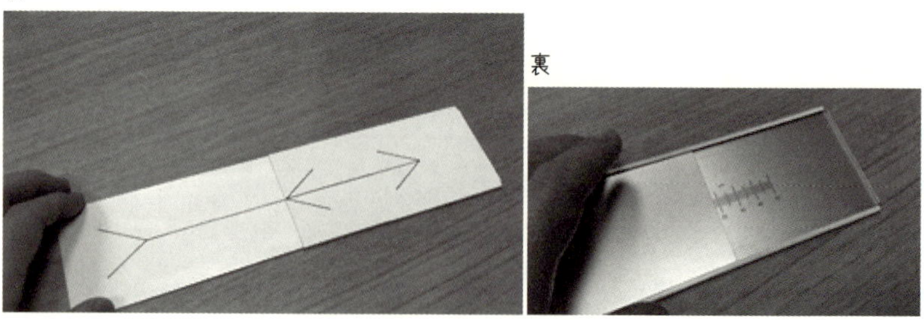

（竹井機器 錯視図）

左側のパネルをスライドさせ，左右の長さが同じに見える箇所で止める。

裏返して，目盛を読み取る。

というノウハウこそが心理学という学問の体系そのものだったりする。

なんだか地味でつまらない作業に見えるかもしれない。実際，筆者がはじめてこの授業を受けたときも，何でこんなことを延々やらされるのか，その意味がわからなかった。そして，心理学をはじめて学ぼうとする学生たちもみな同じような気分になるようだ。しかし，「錯視を測る」というこの地味でつまらなさそうに見える行為こそが，心理学という学問の本質を射抜いているのだ。

## 錯視は心理学の典型

少し考えてみよう。この「錯視が見える」ということ自体に，カント先生も指摘してきた驚くべき矛盾が潜んでいる。なぜなら，「長く見える」というその「長さ」は，感覚の世界にしか存在せず，この世に存在するどんな定規をもってしても測ることができないからである。たとえ脳の中をのぞいてみたところで，「長く見えている」という映像や長くなった線が書かれた紙が出てくるわけではない。長く見えるということは，決してこの世の物質としては存在しない。それは１人ひとりの心の中にしかないものなのだ。この点でいえば，先の喜びや悲しみと同じだ。

「昨日より今日のほうが気分がいい」とか「今までで一番落ち込んでいる」といった感情よりは，「長く見える」という感覚のほうが測ることができるように思えるかもしれない。しかし，その「長く見える」という１人ひとり異なる「感覚」も，定規で直接測ることができないという点では同じことだ。

では，心理学では「大きさも重さも形もない心」をどうとらえようとしているのだろうか。ここで発想の転換だ。最大のポイントは，「ないかもしれないものをあるかのように扱ってみる」というやり方だ。どんな定規を使っても測れなかった心の感覚を，まずは存在するものとして認めてしまう。

「錯視量」とか「心理量」などといろいろと名前をつけて，大きさや長さや重さと同じようにそれが足したり引いたりできるようなものとして扱ってみるのである。ある手続きに基づいて，ここでいえば「錯視量」を定義する。こうして操作によって心を数値化する作業を操作的定義とよぶ。

さて，こうやって定義しようとしても，「私には長く見えません」などと反論する人もいるかもしれない。しかしここであきらめずに，まずは「長く見える」という人が多く存在するということを前提として，「1割長く見えます」「15％長いです」としゃべってもらうのである。他者が感じている「長さ」「重さ」「大きさ」などの感覚を，たとえば「2割増し」などといった数字に置き換えることができれば，全員の平均をとることができる。

人の気持ちを読み取ったり自分の心について考えたりすることと同じくらいに，なぜ心理学において錯視図形が大事にされているのか，その理由がここにある。錯視は，心を数値化するという作業をコンパクトに学ぶのにたいへんよい題材なのだ。それは，心理学における心の数値化の代表ともいえる作業なのだ。このやり方と似たやり方で，たとえば喜びも悲しみも「操作的に定義」していくことができる。いや，無理そうでもとにかく定義してみる。それが心理学を前に進めていくのである。

「この先は行き止まりだよ」とカント先生はいった。そうかもしれないが，とりあえず行ってみよう。すると，意外に道が続いている。そのことに気がついた人々が，心理学という学問をはじめたのである。

**POINT**

- □ 1　心理学が対象とする「心」は大きさ，重さ，形をもたないという点で，他のすべての自然科学と異なっている。
- □ 2　心理学は自然科学ではないというカントの主張もある。
- □ 3　錯視量は，本当はどのような定規でも測ることができない。
- □ 4　「ないかもしれない」心理量を「あるかもしれない」数値として扱うことが，心理学を前に進める。

## 3　心の測定の実際

測定方法こそが心理学

### 脳活動を測定すればよいわけではない

こうやって心を数値にすることの難しさを説明すると，決まってもっと客観的な指標，たとえば脳活動を計測すれば心は直接測定できるのではないか，という論を唱える人がいる。

脳科学全盛の時代からか，「○○を考えているとき，脳の××が活動していることが明らかに」というような記事がマスコミをにぎわせることがある。確かに何かを考えたり感じたりするときに，脳という体の一部が物質として変化することは間違いない。でも，そのことと，「考えたり感じたり」するその中身とは別の話だ。どれぐらいうれしかったのか，とか，どれぐらいはっきりと見えているのか，といった「程度」の問題，何が見えているのか，どんな感情をいだいているのか，といった「内容」の問題は，物質として直接観察できるわけではない。脳科学の進歩や脳科学者の登場により，どのような心の状態なら脳がどのように「物質として」変化するのかということや，その対応関係もある程度までは明らかになっている（⇨第**4**章）。でも残念ながらすべてがわかっているわけではない。そもそも原理的に心で感じている内容と脳や体の状態の対応は，知ることができない，とする立場もある。

確かに脳を含めた体は，いろいろな道具を使ってその大きさ，重さ，活動量，等々を物質として客観的に測定することができる。しかし，心はどんな物理的装置を使っても，その大きさ，重さ，形を測定できないという点では変わりがない。依然として，「心」をとらえる困難さは，同じように存在している。脳を測定したからといって，心の測定が簡単になるわけではないのだ。

脳や体は，大きさ，重さ，形という属性をもつこの世のものだが，心はこの世のものかどうかがあやしいのだ。だから，脳科学者の中には，心なんてものは本来存在しないという人もいるぐらいである。もし脳を物質として客観的に研究していても，心について少しでも考えるのであれば，それは心理学という学問にふみこまねばならないのである。

### 客観的に見える指標も操作的定義が必要

たとえば，恐怖の感情をいだいているときに，扁桃体という脳の部分が活動する，などといわれたりする。つまりは扁桃体の活動を測定すれば，恐怖の感情を直接測定できるのではないか，と私たちはいいたくなる。

しかし大事な点は，まず恐怖を感じている状態をうまく実験手続きの中で定義づけねばならないということだ。たとえば，怖い写真を見ているときには，恐怖を感じていると定義してみるのだ。

脳ではなく心拍数を数えれば「喜び」を測れるという人もいるかもしれない。「ドキドキする感じ」の「ドキドキ」の回数を数えるわけだ。これが2割増していれば，「2割増しの喜びである」といえるのではないか。そういう主張である。この考え方はある部分では間違っていない。事実，「心拍数」というのは心理学的な指標の1つとして現在でも研究の現場で用いられている。しかしここでも大事なことは，心拍数そのものではなく，どういう考えのもとにどういう実験を行ったのか，という実験手続きのほうである。心拍数が，即自動的に，「喜び」を表すわけではない。

「行動を観察すればその人の気持ちがわかる」という考えも，同じような困難さをかかえている。確かに落ち込んでいるのか舞い上がっているのかが，顔に出やすい人もいるだろう。ウキウキしていることで，スキップしているかもしれないし，歩く速度が速くなっていたりするかもしれない。実際に条件を設定して行動を観察することで，その人の心の状態を推測するような方法論も心理学としてはありうるかもしれない。

でもよく考えてみよう。それは単純な「喜び」ではなく「苦しみ」や「あせり」が混じったものかもしれない。あるいは，うれしくもなんともないのに単に演技していただけなのかもしれない。そもそも「ドキドキ」の回数や歩く速度がなぜ「喜び」を表すといえるのか。たいして喜んでもいないのに，単純に体が反応してしまっているだけかもしれない。

体が反応しているからといって，それが必ずしも心の中身を反映しているとは限らない。そもそも，ある体の状態が1つの心の状態に対応しているわけではない。これはどんな指標を使っても同じことだ。

繰り返すが，心理学にとって重要なのは，実験手続きであり**測定方法**とその考え方である。心理量をどのような手続きで定義するのか。ある客観的な指標が「喜び」を表すこともあるし，驚きを表すこともある。脳活動，心拍数，体の動きといったどんな客観的な指標を用いようとも，結局のところ，この世界に実在するかどうかよくわからない「心」というものを仮定し，その存在を心理量として測定の手続きの中で操作的に定義することがなければ，心については何もいえないのである。

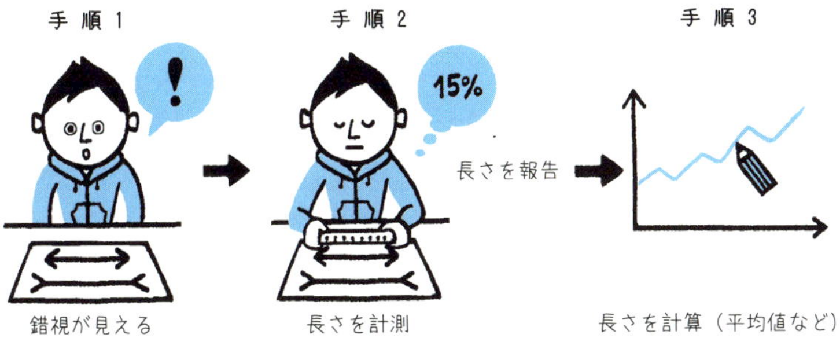


一連の手順がセットになって，本当は存在しない「長さ」が錯視として定義される

POINT

- □ 1 心理学は操作的定義が重要である。
- □ 2 脳活動，行動，心拍数などの客観的指標を用いたからといって，心が測れるわけではない。
- □ 3 体（脳）と心の対応関係が事前にわかっているわけではない。
- □ 4 脳科学といえども，心理学的な操作的定義のうえに成り立っている。

## 「心」をとらえるさまざまな道具

では心理学では，具体的にはどのような方法で心を「数値化」しているのだろうか。

ごく大まかに分ければ，その方法には実験，内観報告，観察，の3通りの方法があるといえる。まず実験であるが，代表的なものはゲームや課題を課すことによってその課題の成績から「数値」を求めるというものである。基本的には何か課題を行わせて，その正解・不正解をとる「正答率」と，その課題をどれだけ早くこなしたかという「反応時間」がよく用いられる。双方とも％で表すことができたり，秒で表したりすることができるわけだから，すぐに数値として扱える，たいへん便利な指標である。

もう少し実験から遠ざかった方法には，自分の心の状態を自分で報告する，いわゆる内観報告に基づく数値化がある。たとえば目の前の赤は，どれくらい鮮やかかを「まったく鮮やかではない／あまり鮮やかではない／どちらともいえない／やや鮮やか／たいへん鮮やか」の5つの単語のうちどれか1つを選ばせることで１つの数値を得るのである。この方法を用いれば，たとえば「鮮やか」の部分を「うれしい」に変えて「まったくうれしくない／あまりうれしくない／どちらともいえない／ややうれしい／たいへんうれしい」のどれかを選ばせるのでもよいだろう。この方法は，いわゆる質問紙を用いた質問紙調査によく用いられることとなる。

最後に観察についてであるが，この場合でも，漫然と「うれしそう」とか「落ち込んでいる」などといった主観的な記述をするのではなく，誰が観察してもできるだけ同じ数値になるような指標を用いることが望ましい。たとえば，何回瞬きをしたか，とか，何分座っていたか，といった行動指標などが用いられる。観察には，いわゆる「質的」とよばれる方法も含まれる。たとえば，子どもと母親のやりとりを観察しながら，「遊んでいる」「退屈している」「母親に甘えている」といった行動に分類していく，といったアプローチだ。この場合，今目の前の出来事が本当に「母親に甘えている」というカテゴリーであるのかを決める基準がない点が気にはなる。ただ，その点をあえて不問にすることで，研究を進めるのも１つの心理学のやり方である。カテゴリーに分けることは数値にすることではないが，分類することにはなる。これも，**Column ❶**にもあるように広い意味での「数値化」の一種ととらえることもできるだろう。

いずれにせよ，こうした指標を用いた数値を使って，本当はわからない心の状態を推測していくノウハウこそが，具体的な心理学ということになる。そして，その数値にも，**Column ❶**で解説しているようなさまざまな種類があり，その種類に応じて取り扱い方が異なるのである。

### 測定方法によって定義する

最後にまとめてみよう。まず，心理学は，事実に基づき，人間の特徴をとらえようとする自然科学であることを確認したい。そのターゲットになるのは「心」の存在である。しかし，通常の自然科学が対象としているものと「心」は少し異なっている。「心」は大きさ，重さ，形をもたないがゆえに直接計測することはできない。かわりに，存在しないものを「存在するもの」として扱うことで学問を成立させる。それは，見えない「心理量」を，測定方法によって定義していく「操作的定義」の考え方に基づくものとなる。その１つの典型

## Column❶ 4つの心理尺度

測定される心理量を，心理学の多くの教科書では「尺度」（scale）とよんで，いくつかに分類している。

心理量の測定に用いられる尺度のうち，最も大まかなものが「名義尺度」だ。これはある心の状態の強さや大きさにはとりあえず言及せずに，とにかく分類することに主眼をおいた尺度になる。たとえば喜んでいるのか，悲しんでいるのか，怒っているのかを分類することはできるが，どの程度喜んでいるのかといった量的な面については問わない場合などは，この尺度が用いられることになる。もちろん，どのような手続きでその分類を行うのかについては，先にふれたように観察するやり方もあれば，質問紙に答えてもらうことで計測するやり方もあるだろうし，装置のボタンを押してもらうようなやり方もありうる。この尺度というか判断を，観察者が主観的に行う研究を，近年は質的研究とよぶこともある。いずれにせよ，「大きさ」を仮定しないぶん，最もゆるい基準の尺度といえるだろう。名義尺度の測定では，計測するごとに，対象とした行動から推定される心理状態が，用意したカテゴリーのいずれに属するのかを分類する。つまり，何回そのカテゴリーの行動が見られたか，といった回数などの計算を行えば，観測されたものからは量を推定できなくとも，たとえば「何回怒ったか」といった形であるカテゴリーに分類された回数を合計すれば量的なデータを得ることもできる。

心理量までは仮定しなくても，たとえば「昨日よりは今日のほうがうれしい」とか「生きていて今が一番辛い」などの順位ならつけられるという場合もあるだろう。このような尺度のことを「順序尺度」とよぶ。この尺度の場合，「2倍」とか「15％増し」などの量が定義されていないため，たとえば平均的な値を得るというようなことはできない。しかし，計測された指標に順位はついているため，毎回の計測値を足し算したり割り算したりはできないものの，ある程度毎回の計測値を比べることはできる。

しかし，心理「量」という言葉のごとく，あたかも物のように大きさ（量）をもつ対象として計測を行う尺度は，「間隔尺度」もしくは「比率尺度」でなければならない。つまり1回1回の計測値が，何らかの大きさを表す数値となっているため，この尺度の値は足したり引いたりすることができる。詳しくいえば，単純に順序尺度の各順位の距離が等距離になっていると仮定できる場合に，順序どうしを足したり引いたりすることを許す「間隔尺度」と，原点（ゼロ）をもち，すべての点を原点からの距離で定義できる「比率尺度」とは区別されなければならない。とはいえ，実際の研究の現場ではこの区別はあいまいである。要は，足し算できたり平均値を求めたりできる尺度として，順序尺度とは区別された尺度が存在する点が大事なポイントである。そして，多くの心理学の尺度は，この尺度（特に比率尺度）として定義されている。

この 4 つの尺度は，その概念を提案した S. S. スティーヴンスによれば，前者のものが後者のものを含む形になっており，より低い水準の名義尺度から，より高い水準の比率尺度へと順番をつけることができるということになっている。しかし心理学，特に心の測定という観点で再度考えてみるならば，本来それが測定できるものであるならば，比率尺度として測定されるに越したことはないことがわかるだろう。名義尺度というのは，ある意味で，装置や測定のセッティングが不完全であるため，仕方なく用いざるをえない尺度ということになる。

的な事例が，ミュラー・リヤーの錯視量の測定の場面であった。

こうして心理学という学問分野では，質問紙を用いたり，特殊な実験手続きを用いたりしながら，さまざまな測定方法によりありとあらゆる種類の心理量が定義されている。ただし，繰り返しになるが，そこに必要なのは，脳を直接測る機械ではなく，実験の手続きそのものである。ミュラー・リヤーの錯視量でいえば，「目盛の最大値からスタートするのかそれとも最小値からスタートするのか」が問われたり，目盛の調節の手続きが問われたりする。何回やってどう平均をとるのかまでを含めて，その手続きにいちいち名前がついている。したがって心理学とは，思想的には心と体の対応関係の哲学的問題とその実践的解決という背景をもちながらも，実際の場面では，その測定方法こそが学問の中心的な体系をなしているといえる。その測定方法とは，あるときは入念につくられた質問からなる質問紙であったりする。また別のときは，コンピュータに呈示された図形を識別してボタンを押す，ある種のゲームをこなすことで測定されることもある。また，人の心のあり方や心構えを，実験者の言葉（これを「教示」とよぶ）でちょっと操作して，その人の特定の行動の回数を数えることで測定されることもある。もちろん，目がどれぐらい動いたか，汗をどれぐらいかいたか，心拍数がどれぐらい上昇したか，などのある意味でわかりやすい指標が用いられることもあるだろう。しかし勘違いしてはならないのは，その指標が直接心を表しているわけではない，という点だ。そうではなく，重要なことは，質問項目なりキーボードを押す回数なりの，実験や調査の全体的なセッティングであり，そのセッティングが，どのような「心理量」の測定を意図してつくられたものであるのかという「操作」こそが心理学という学問の中心にあるという点である。

心理学を学びたい人は，測定法を学ぶべし。それが実在しないかもしれない「心」という幻を捕まえる唯一の近道だからだ。

**POINT**

- □ 1　実際の心理学には，実験，内観報告，観察などの多様な測定方法がある。
- □ 2　心理学という学問は，さまざまな「心理量」を定義するための測定方法の集まりである。

# 第1部 さまざまな心のとらえ方

PART 1

CHAPTER

第1章

# 目は心の一部である

## 知覚心理学

WHITEBOARD

知覚心理学の謎：「世界はそのまま見えているか？」
⇒NO！「目の前にあるもの」と「見えているもの」は違う！

目の前にあるもの
（客観＝物理）

見えているもの
（主観＝心理）

「なぜそう見えるのか」を調べる：知覚心理学

目は２つあるのになぜ世界は１つに見える？

見えているものは１つ

目には２つの像
（２次元網膜像）

⇒左右の像の違いから立体が見える

KEYWORDS
知覚　認知　視覚　盲点　視野　網膜　中心視野　周辺視野
錐体細胞　桿体細胞　奥行き　両眼視差　奥行き手がかり　調節
輻輳　運動視差　陰影　遮蔽　テクスチャの勾配

# 1 目の前のものと見えているものは違う

盲点の例

## 知覚は心の入り口

知覚という言葉は，専門的にいえば，感覚をもとに環境の状態や出来事を知る過程全般を指す。何かを考えたり思い出したりする過程を指す認知に比べると，知覚は心の入り口で起こる過程のことになる。あなたの心に存在するさまざまな記憶や心を掻き立てる感情も，外側から入ってくる出来事や風景がもとになっている。俗に五感といい，視覚，聴覚，触覚，嗅覚，味覚といった種類が知覚には存在するが，いずれも心の内側世界が外へとつながる通路のようなもの，と考えることができるだろう。

中でも，心理学では伝統的に，視覚を中心に知覚研究が発展してきた。その背後には，「目の前に見えている視覚世界は，外の本当の姿なのか」というギリシャ哲学以来の問題を，西洋人たちが重視してきたから，という面もある。本章では，視知覚を題材に「ものが見えているということはどういうことか」

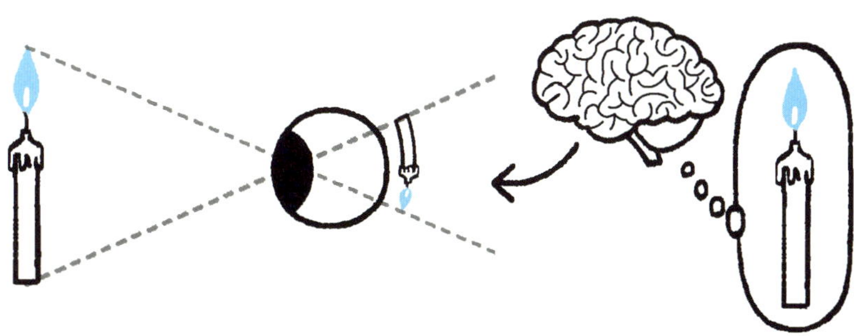

目の前の世界は本当の姿か？

を考えながら，知覚について考察していく。そこでの最大のテーマは，私たちは，「目の前にあるものを正確に見ているのか」という問題を考えることにある。結論からいうならば，現在の視知覚研究が教えるところによれば，私たちに見えているこの視覚世界は，目の前にある本当の世界の姿というより，脳に備わっている，ものを見る仕組みがつくりだした，いわば人工的なものにすぎないことがわかっている。なぜ，そんなメンドウなことを脳は行っているのか。それは，本章を読みながら答えを探っていただきたい。

## 盲点の実験

**図 1.1** を見ていただきたい。この図は，盲点（blind spot）を体験するための図である。盲点はいろいろなところで紹介されているので，この図を知っている人もいるかと思われるが，まずは体験していただくことが重要。使い方を解説してみよう。

左目を閉じ右目で**図 1.1** の左側のプラス十字を見てほしい。そして，十字から目をそらさず右目の視野の外側に円が位置するようにして，目を図との距離をおおよそ 26 cm に調整してみる。すると，円が消えることがわかるだろう。「盲点だった」とは，目の前にあるのに気がつかなかった出来事を指す言葉であるが，目の前にあるのに消えるというこの知覚心理学的現象が「盲点」の元の意味である。

盲点は網膜の構造に由来する。網膜はその構造上，視神経が眼球の内側にある。この視神経を脳に接続するには，どこかに穴をあけて視神経を外に出す必要がある。この「穴」こそが盲点である。網膜の一部には穴が開いているので，そこには視細胞が存在しない。つまり見えない。

CHART　図 1.1　盲点の図①

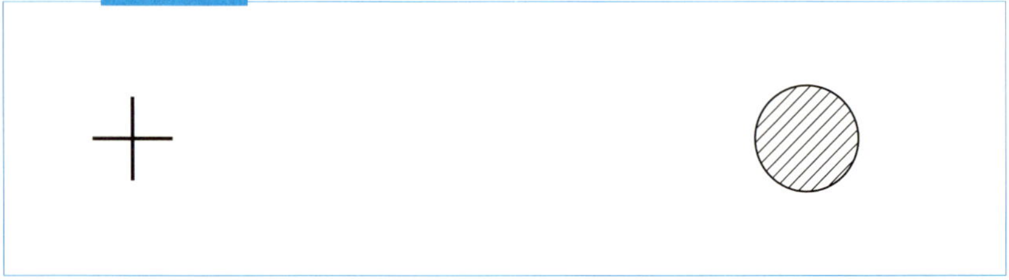

CHART 図 **1.2** 盲点の図②

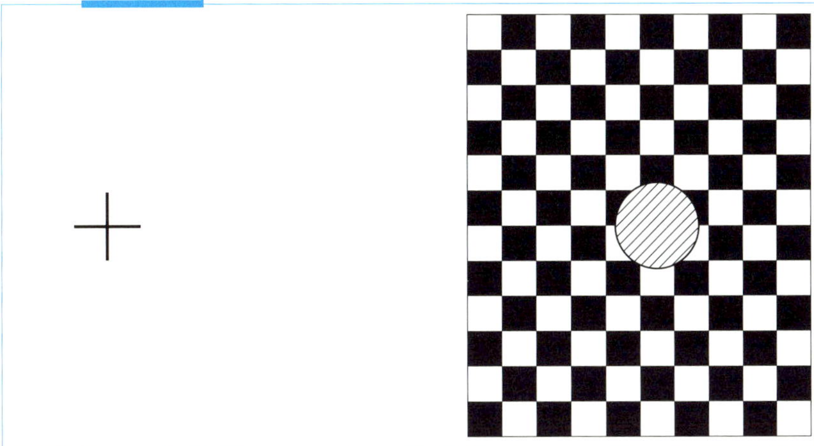

では，**図 1.2** を用いて同じことをやってみるとどうなるだろうか。今度は，先ほど消えた円の背後に，白黒のチェッカーパターンが存在している。同じように右目の中心で十字を見つめて視野の外側の盲点の位置に円をもってくるのである。すると何が見えるだろうか。

なるほど，先ほどと同じように円は見えなくなる。では，その見えなくなった場所が先ほどと同じように真っ白になっているだろうか。おそらくそこには，背後にあるチェッカーパターンがボンヤリと見えているのではないだろうか。

## 「消えている」のではなく「描かれている」

ここで少しだけ考えてみる。すると**図 1.2** の円は消えたのではなく，盲点の場所に積極的にチェッカーパターンが描きこまれていることに気づくだろう。なぜなら，本当に見えない場所として消えているのであれば，真っ白や真っ黒に塗りつぶされてもいいはずだからだ。そう考えてみると，最初の**図 1.1** も，本当は円が消えたのではなく，周りの白で塗りつぶされたということに気がつくだろう。確かに盲点の場所に視細胞はないので，見ることはできない。したがって見えなくなったことを「消えた」と解釈したくなる。でも，本当は消えたわけではなく「白く」描かれたのである。この「積極的」な過程は，実は見えていない盲点でのみ起こるのではない。そのことを実感できるのが，**図 1.3** である。この図では，盲点に入る円の周りに，大きな十字が描かれているが，

CHART 図 1.3 盲点の図③

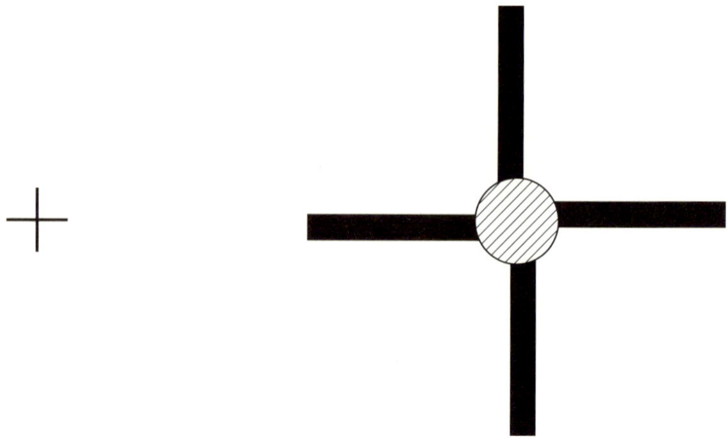

この４つの「柱」は，よく見ると互いに上下左右にズレて配置されている。つまり，正確に十字にはなっていない。

このような図形の中心部にある円を，盲点の領域と一致させると，何が起こるだろうか。今までの２つの事例から考えるならば，見えない円の領域を周りのパターンで塗りつぶして気づかないようにする，ということが起こると予測される。つまり，円が消えるかわりに周りの十字のパターンが，なんとなく中心部の円の箇所に描かれているという「見え」が考えられる。確かに，大筋でそれは間違いではない。しかし，興味深いことに，もっと驚くべきことが起こる。それは，中心部だけでなく，盲点の位置から外れた周りの部分までも，見えているものとは異なるもので「描かれる」ということが起こる。というのも，上下と左右の柱がズレのない１本の柱になり正確な十字に見えるという，なんとも不思議な知覚が生じるのである。

詳しく説明してみよう。上下左右の４本の柱は，ちょうど柱の幅半分ほどズレて配置されている。実際には，盲点の隠れている部分で上下，もしくは左右の柱が出会うことでこのズレが確認される。ところが，このズレが確認できる場所が盲点で隠されている。すると，盲点の中身を描こうとするシステムは，きっと上下もしくは左右の柱は１本のつながったものだろうと，勝手に解釈をしてつなげてしまう。驚くべきは，実際に見えている上下や左右の柱の空間的な位置関係をも，この盲点の知覚に合わせるように変更されてしまう，という点である。簡単にいえば，盲点の都合に合わせて，周りの見え方までも変えてしまうということが起こるのである。

こうした知覚現象から何がわかるだろうか。それは，みなさんが見ている知覚世界は，実はつくられたものであるということだ。大事なことは，この事実は，盲点を扱った特殊な場面でのみ起きる出来事ではなく，みなさんが目を開けてただ日常を過ごしているだけで起こり続けている現象だ，という点だ。つまり，そもそもものを見たり感じたりする，ということは，ありのままではないつくられた世界を知覚する，ということにほかならないのである。みなさんが目を開けて部屋の壁を見ているとき，見えている風景の視野には，本当は見えていない場所が存在している。その大きさは，10 m 先であれば，1 m 以上の巨大な大きさになる。そのことに気がつかないのは，目を開けて覚醒している間は，ずっと脳と目が働き続けているからである。ものを見る仕組みが視野を「塗りつぶしている」といってもいいだろう。そして，この仕組みの詳細を調べるのが，知覚心理学の目的になる。知覚心理学とは，いわば，何のために／どのように「視野がつくられるのか」ということを研究する心理学の一分野である，ということができるだろう。

POINT

- □ 1 私たちの視野には見えない領域が存在する。これを盲点とよぶ。
- □ 2 盲点は「見えていない」のではなく，「描かれる」ことで気づかれない仕組みになっている。
- □ 3 目の前にある風景と，見えている知覚とは，必ずしも同じではない。

## 2 見えていないはずのものが見えている

### 中心視野と周辺視野の役割

視野全体を見渡してみるとき，中心視野で見る中心視と周辺視野で見る周辺視という分類も，視知覚の心理学を考えるうえで重要な知見を提供する。というのも，中心視と周辺視では，目的（機能）が違ううえに，網膜の細胞も含めたメカニズムが，そもそも異なっているからである。

### Column 2 網膜像——心理物理学の思想

知覚心理学者がよく用いる専門用語に「網膜像」という言葉がある。要するに，光を感じる網膜という細胞を一種のスクリーンとみなしたとき，そのスクリーンに写っている映像のことを指す言葉だ。知覚心理学では，この「網膜像」と実際に体験される主観的な「視覚世界」との違いにいつも注目する。たとえば，本章冒頭の盲点の事例でいえば，網膜には盲点という穴があいているため，「網膜像」には描かれない領域が存在するが，実際の知覚にその領域は存在しない。つまり，網膜像と知覚には違いが存在することになる。この違いの理由を明らかにすることこそが，知覚心理学の目標である。

私たちの周りに客観的な世界が存在し，それを私たちが目を通して知覚している。目を開いて私たちが見ている客観的世界は，目のレンズや水晶体を通じて，網膜という2次元のスクリーンに投影される。ここまでは，カメラと同じ機械的な過程なので，物理学で完全に説明できる。しかし，私たちが感じているのは，網膜に映った像そのものではない。桿体や錐体といった細胞によって電気信号に変換され，脳に送られた情報をもとに，未だ明らかになっていないような脳科学的な過程も含む複雑な情報処理を経て，つくりだされた視知覚像を主観的に感じているのである。

もしかすると，その知覚世界と網膜像は，誰も気がついていないが，本当は似ても似つかないものなのかもしれない。すでにこの章で説明してきたように，網膜像は左右の目に2つあるのに，世界は1つに見えている。また，「2次元」であるからその映像だけでは，何が手前にあって何が奥にあるのか，といった「3次元」の情報は含まれていない。にもかかわらず，私たちの知覚世界には，はっきりと「手前と奥」が存在する。さらには，視野の周辺部に色はついていないにもかかわらず，見えている知覚世界には一様に色がついているように感じられる等々。いわば知覚心理学とは，網膜像から，どのようにして奥行と色をもった，一様で矛盾のない1つの知覚世界がつくりだされるのか，を考える学問分野であるといえるだろう。

このとき，世界から網膜像がつくりだされるまでを「物理学的な過程」，2次元網膜像から知覚がつくりだされるまでを「心理学的な過程」と考え，この両者の関係を記述し理論的に説明するという視点で研究がなされる。この考え方は，「心理」と「物理」の関係を考えるということで「心理物理学」（psychophysics）ともよばれるが，物理量と心理量の関係を探るという意味では，心理学という学問を代表するものともいえる。

知覚心理学は，単に心の入り口という限られた領域を研究する狭い分野の心理学ではなく，心（主観）とは何か，という問題を，物体（客観）との関係でとらえることを目的とした，最も基礎的で最も重要な心理学の一分野であるといえるだろう。

中心視野は文字などの細かいものが見えるが，周辺視野では文字はほとんど読むことができない。試しに視野の周辺部でこの本を見てみればよいだろう。なんとなくそこに字が書いていることはわかるだろうが，何が書かれているかはサッパリわからないだろう。

しかし周辺視には周辺視の役割がある。場合によっては中心視よりも優れている部分もある。たとえば暗い場所で動いているものをとらえる際には，周辺視野が優れた能力を発揮する。星のまたたきが見えるのはこの能力のおかげだ。

実は中心視野と周辺視野は光を感じる細胞，つまり網膜のレベルでも異なっている。

視細胞には，大きく分けて２種類の細胞がある。１つは色に対して反応する錐体細胞（すいたい）であり，もう１つが明るさに対して反応する桿体細胞（かんたい）である。錐体細胞は，反応する光の周波数により３種類に分けることができる。L 錐体，M 錐体，S 錐体である。反応の違いは，錐体細胞の先端部にある視物質の化学的な性質の違いによる。色の知覚は，この錐体細胞の活動をもとに，各錐体細胞の活動を相対的に評価することで表現されている。一方，桿体細胞は，明るさを感じることができるのみであるが，錐体細胞に比べて，弱い光でも活動することができる。

さて，この２種類の細胞の分布を調べたものが**図 1.4** である。横軸が視野角，縦軸がそれぞれの細胞の数である。たとえば，左眼球の視野角でいうと鼻側へ 18 度移動した場所を見ていただくと，そこには細胞がない場所が存在する。先に説明した盲点である。

一見してわかるのは，中心部に錐体細胞が集中しているのに対し，外側の領域に桿体細胞が多くあるという点だ。つまり，中心視野，すなわち形や色を正確にとらえるためには錐体細胞がその役割を果たし，周辺視野，暗い場所での

CHART 図 1.4 左眼球の桿体と錐体の細胞分布

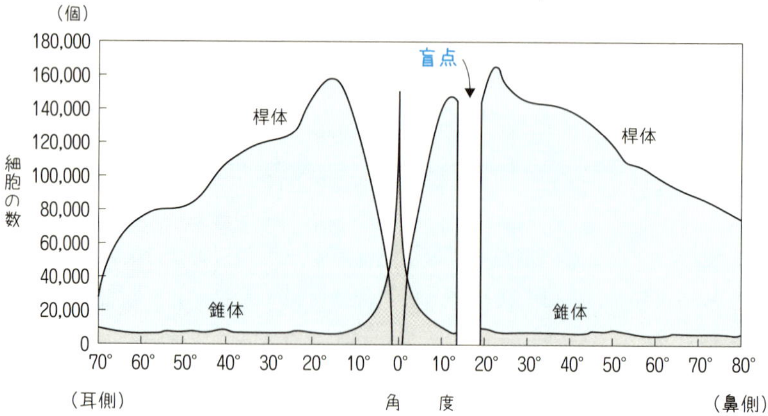


明るさの変化をとらえるためには桿体細胞がその役割を果たしていることになる。中心視と周辺視はその役割も異なっているが，細胞としても異なる細胞で構成されているのである。

このことは，知覚にどのような影響をもたらすだろうか。

明るい場所でものを見たとき，中心視野では形も色もはっきりと見える。しかし，周辺視野は中心視野ほどものをはっきりと見ることができない。文字も読めないし顔を見ても誰かはわからないだろう。なぜなら，そもそも網膜の細胞のレベルで異なっているからだ。網膜のちょうど中心部である中心窩（ちゅうしんか）とよばれる部分には細胞が密集しており，光を取り込みやすいようになっているが，周辺部にはそうした構造が見られないのである。

しかし，不思議なことに，目の前の世界が，中心部と周辺部で違ったものになっているという経験のある人はほとんどいないだろう。たとえば，目の前 60 cm ほどの場所に，10 cm ほど離してリンゴとバナナを置いたとして，片目でリンゴからバナナに目をうつしたところで，リンゴの赤やバナナの色や形が突然変化したようには感じられない。なぜか？

実は，この知覚世界は，網膜の情報だけでは成立しない。周辺部がいつも中心部と連続しているように見えているのは，先の盲点のときと同様に，脳が積極的に視野の周辺部の情報も「描く」という作業を行っているからである。私たちが目を動かし，網膜上でリンゴの詳細な色と形を感じることができない場所に移動したとしても，視覚システムは，「きっとリンゴはさっきと同じはずだ」と判断して色と形をつくりだしているのである。私たちは網膜で世界を見ているのではなく，脳と網膜が複雑な計算を行い，その結果はじき出された「きっとこうなっているはずだ」という世界を知覚しているのである。

POINT

- □ 1 一様に見える視野は，中心視野と周辺視野という見え方も役割も異なる２つの領域によって成り立っている。
- □ 2 視野の周辺が中心部と異なって見えないのは，脳と眼が，積極的に情報を描きこんでいるからである。

# 3 奥行きが見える仕組み

目に映る世界と知覚される世界

## 目は２つなのに世界は１つ？

目は２つあるが世界は１つに見える。これもよく考えてみると不思議なことだ。右目と左目は，物理的に違うものなのだから，原理的に網膜上の画像は異なっている。いや仮にまったく同じものだとしても，２つの画像をどこかで「比べる」という作業がなければ同じであることがわからないはずだ。おそらく網膜から脳に情報が伝達され，脳のどこかで２つの像を１つにする作業が行われているのだろう。

右目と左目に映っている像が微妙に違っていることは，片目を閉じれば簡単に体験できる。みなさんの目の前，たとえば 50 cm 程度の距離にあるものに注目しつつ，まずは右目を閉じて左目でその物体を注視し，続いて目を交代して左目を閉じて右目で見てみる。右目と左目で見える世界を注意深く比べてみると，見えている世界は微妙に異なっていることがわかるだろう。その違いこそが，右目，左目，それぞれが受け取っている像の違いということになる。不思議なことに普段はこの違いに気がつかない。

では，なぜ目は２つあるのだろうか。世界が２つあるのではなく１つなのだから，視覚世界を感じ取る器官（つまり目）は１つで十分なようにも思える。なぜ微妙に違う像を比較検討する必要があるのだろうか。ひと言でいえば，世界の奥行き（depth），つまり３次元の世界を感じ取るために目は２つ必要だからである，ということになる。

右目の映像と左目の映像を比べたとき，「画像の違いが大きいもの」は近くにあるが，「画像の違いが小さいもの」は遠くにある。この違いは両眼視差（あるいは両眼網膜像差：binocular disparity）とよばれ，２次元の網膜像から３次元の奥行きのある世界を知覚するための重要な手がかり（cue）となっている。

近年は映画館や IMAX® デジタルシアターなどで，飛び出す映像が一般的になってきたこともあり，眼鏡をかけることで飛び出す映像を体験したことがある人もいるだろう。こうした映像は，手前に見せたいものは違いを大きくし，奥に見せたいものは違いを小さくすることで，飛び出す映像をつくっているのである。

## さまざまな奥行き手がかり

網膜というスクリーンに映った像から３次元の奥行きを知る手がかりには，両眼視差以外にもさまざまなものがあり，私たちは複数の奥行き手がかりを総合的に用いて世界を知覚している。両眼視差に関連したものとして，眼球というハードウェア由来の奥行き手がかりを２つ紹介してみよう。

１つは調節（accommodation）とよばれ，近くにあるものを見るときにレンズを調節する作業自体に由来する手がかりである（図 1.5a）。私たちは，遠くにあるものを見るときと近くにあるものを見るときでは，眼球のレンズの太さを筋肉によって調節し焦点を合わせるという作業を行う。逆にいえば，焦点が合っているとき，レンズを調節する筋肉の緊張を何らかの形で知ることができれば，それが対象までの距離の手がかりになることに気づく。

もう１つは輻輳（ふくそう）（convergence）である。私たちが一定の距離にあるものに注目しようとすると，２つの眼球は鼻側に回転し，注視している物体を両目の中心視野でとらえようとする（図 1.5b）。もしある物体を注目するために，両目を大きく鼻側に回転させなければならないのだとしたら，その物体はたいへん近い距離にあるということになる。このように眼球を回転させる筋肉の動きを，

CHART 図1.5 さまざまな奥行き手がかり

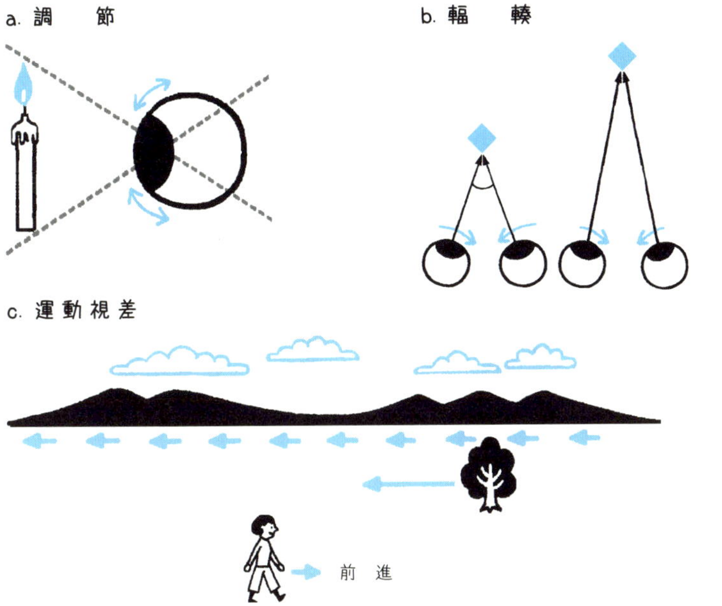


これも何らかの形で知ることができると，その情報が奥行き手がかりということになる。

これら2つの眼球というハードウェアに由来する奥行き手がかりは，両眼視の発達にとっても重要であり，これがうまく働かないと，斜視になったり片目だけが弱視になったりするなどの問題が生じることが知られている。

両眼視差が右目と左目に入ってくる画像の空間的な違いによって奥行きを知覚しているのだとすると，これを時間的に配置すると運動視差（motion parallax）という手がかりになる（図**1.5c**）。

この手がかりについては，広い場所で移動している際に近くのものと遠くのものを見比べてみれば体験できる。たとえば，歩きながら横目で近くの木を見てみると，当然ながら歩く方向とは反対の方向に過ぎ去っていくように見える。しかし，遠くの山はほとんど止まっているように見える。つまり，「早く動く」ということは距離が近いことを意味しており，「遅く動く」ということは距離

CHART 図 1.6 陰影による手がかり

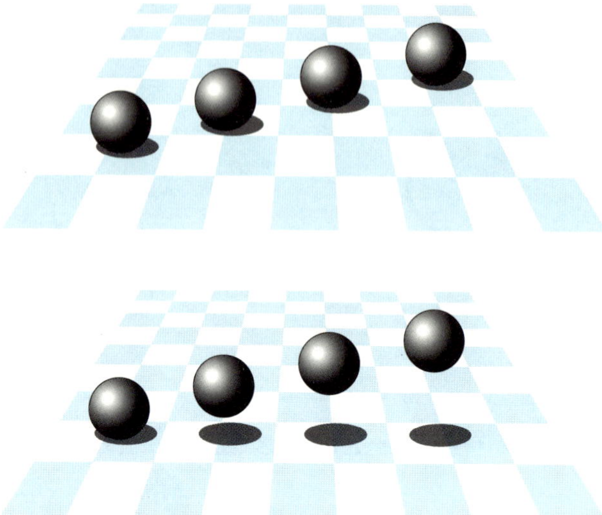

（出所） Kersten et al., 1997 を改変。

が遠いことを意味している。

さらに奥行き手がかりには，両眼とも動きとも関係のない，片目だけで成り立つ，いわゆる「絵画的奥行き手がかり」（pictorial depth cue）というものもある。「絵画的」というのはちょっと奇妙な言い方であるが，簡単にいうと，「絵として紙に描くことができる」という意味の言葉である。

その代表は，陰影（shading）による手がかりだろう。影は空間的な位置関係を推定するための大事な手がかりとなる。たとえば**図 1.6** を見ていただこう。上の図の球体はすべて床に張り付いているように見えるが，下の右の 3 つの球体は宙に浮いているように見える。しかしこの両者の違いは，影の位置のみである。つまり影と物体がどのような関係にあるのかを見れば，3 次元空間の中での座標を特定できるのである。

陰影よりもさらに「絵画的な」奥行き手がかりとして，遮蔽による手がかりもある。

**図 1.7** のような絵を見ると，単純な線画であっても，左側の正方形が右側より手前にあるように見えるだろう。これは，輪郭が「T 字路」のようになっている点線で囲んだ箇所が重要な手がかりになっている。この T-junction と

CHART 図 **1.7** T-junction

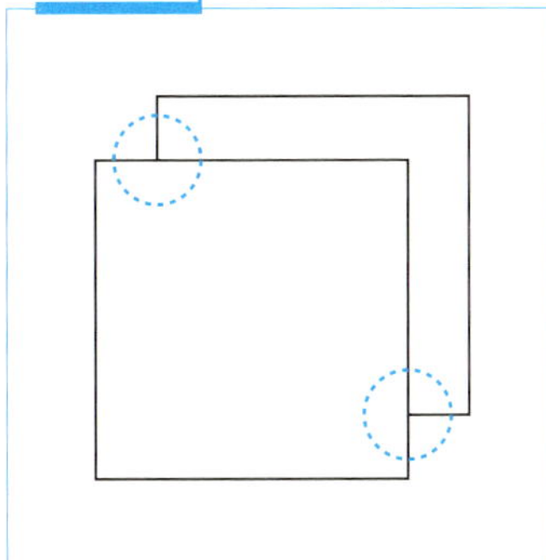

よばれる図形の特徴は，たとえばコンピュータなどが奥行きを判断する際にも用いられる重要なものとなっている。

奥行き手がかりは，物の立体的な形状を推定する際にも使われる。代表的なものが，テクスチャの勾配（texture gradient）の手がかりだ。図 **1.8** は3次元の同じ立体的形状を，陰影の手がかりとテクスチャ勾配の手がかりで表したものである。先にふれたように，陰影は空間の配置の手がかりにもなるが，「でっぱり」と「へこみ」という立体形状を推定する際にも使われる。でっぱっている部分が光を遮り影ができる。この法則を逆にたどれば，影がある箇所はでっぱっている，ということになるわけだ。

同じ「でっぱり」を，表面に描かれた線が密になっていたり粗になっていたりすることで表すことができる。線分が，物体の表面上に等間隔で描かれていると，手前にある部分は線と線の間隔が広くなるが，曲面になっていて向こう側に見えなくなる箇所は，線と線の間隔が狭くなる。この特徴を手がかりに，立体形状を推測できるのである。

以上，単眼性のもの，両眼性のもの，動いているものと止まっているもの，眼球というハードウェアに由来するもの，絵画的なもの，とさまざまな奥行き手がかりを紹介してきた。これらの手がかりはすべて，相互に関係しながら私たちの視知覚をつくりだすために働いている。しかし，重要なことは，世界の構造は1つだということだ。互いの手がかりが時に矛盾していようと，何が手前にありそれがどのような立体形状をしているのか，という「解釈」が1つに決まるように，手がかり間の調整が私たちの知らないところで行われ，視覚世界の見え方が決まっていく。その過程が，なぜ，どのように，脳のどこで行われているのか，を知ることが，現代の知覚心理学がめざすところとなっている（⇨ **Column ❷**）。

CHART 図1.8 テクスチャによる奥行き手がかり（左）と陰影による奥行き手がかり（右）

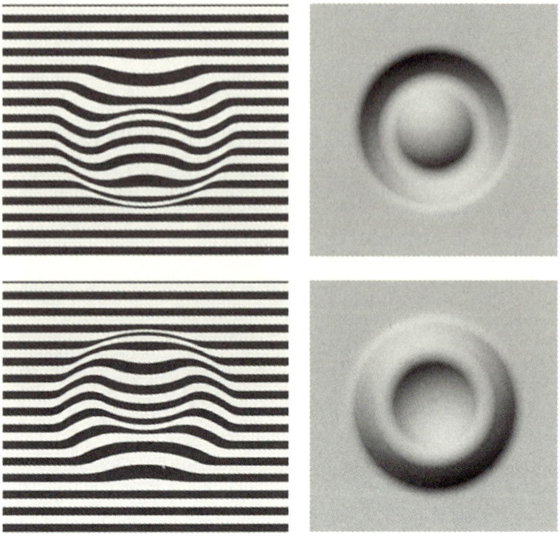

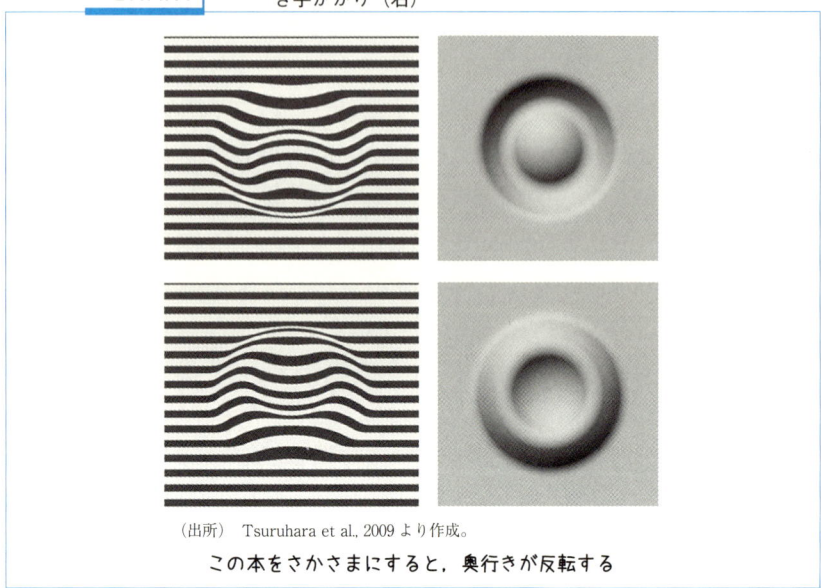

（出所） Tsuruhara et al., 2009 より作成。

この本をさかさまにすると，奥行きが反転する

POINT

□ 1 目が２つあるのに世界は１つに見えるのは，世界が奥行きをもって見えることと関係している。

□ 2 世界が奥行きをもって見えるのは，さまざまな「奥行き手がかり」を用いているからであり，その１つひとつが知覚心理学の研究対象となっている。

## 引用・参考文献 Reference ●


Kersten, D., Mamassian, P. & Knill, D. C. (1997) Moving cast shadows induce apparent motion in depth. *Perception*, 26, 171-192.

Tsuruhara, A., Sawada, T., Kanazawa, S., Yamaguchi, M. K. & Yonas, A. (2009) Infant's ability to form a common representation of an object's shape from different pictorial depth cues: A transfer-across-cues study. *Infant Behavior and Development*, 32, 468-475.

CHAPTER

第2章

# 心は見えないが行動は見える

## 学習心理学

WHITEBOARD

オペラント：自発されるすべての行動
→ オペラントには必ず「結果」が伴う

刺　激 ―― 反　応 ―― 結　果
随伴
（自発されるオペラント行動）

**三項随伴性**

オペラントの
自発頻度を上げる
＝強化

| 刺激（状況） | ⇒ | 反　応 | ⇒ | 結　果 |
|---|---|---|---|---|
| お昼のチャイムが鳴る | → | 学食に行く<br>中庭に行く<br>コンビニに行く | → | 友だちに会う<br>美味しい料理<br>外で気分転換 |

自発
＝
選択されたオペラント

**「心の中での因果関係」は**
**真の因果関係ではない**

KEYWORDS

学習　行動　レスポンデント　オペラント　誘発　自発　行動変容　スキナー　学習の履歴　ソーンダイクの問題箱　オペラント・レベル　刺激　反応　結果　三項随伴性　随伴性　強化子

# 1 行動の変化を扱う学習心理学

## 自発される行動に注目する

学習とは何だろうか。それは簡単にいえば，「できなかったことができるようになること」といえよう。跳べない跳び箱が跳べるようになる。あるいは，解けない算数の問題が解けるようになる。「学習」とは，こうした学校で習うことだけでなく，知らない人とも仲よくすることができる，自分の感情をコントロールする，といった誰しもが生きていくうえで必要とされる能力にまで当てはまる概念といえるだろう。

学習心理学では，人間のすべての行動を2つに分類する。それはレスポンデントとオペラントである。レスポンデントとは，ごく簡単にいえば，生物として生まれつき決まりきった行動パターンのことで，たとえば食べ物を見たら唾液が出る，といった例がよく取り上げられる。つまり，「唾液が出る」という「行動」は，食べ物によって引き出され誘発（elicit）される決まりきったパターンである，という考え方だ。

これに対して，何によって引き出されるかがあらかじめ決まっていない行動は，すべてがオペラントということになる。たとえば，立ち上がる，手を伸ばす，歩く，などの単純な行動を考えてみよう。これらの行動は，どのようなときに立ち上がるのかが決まっていないという意味で，自発（emit）される行動だ。専門的には正確ではないが，わかりやすくいってしまうと，行動の原因がすぐに特定でき原因と行動の関係がまずは固定されているものがレスポンデントであり，一見すると特定できないものがオペラントということになる。

学習心理学では，伝統的にオペラントに注目する。なぜなら自由に自発される行動にこそ，人間を含めた動物たちがよりよく生きていこうとする可能性が見出せるからであり，学習，つまり「できないことができるようになる」（「やめたいことをやめられるようになる」）という行動変容の説明に適しているからだ。オペラントとレスポンデントという語をつくり，応用行動分析（⇨第 **12** 章）を創始した B. F. スキナーもそのように考えていた節がある。

スキナーの主張については多くの誤解に満ちている。スキナーの考える学習を，椅子に縛りつけたり電気ショックで強制したりするものだと考えている人がいるかもしれない。これは映画や小説の影響かもしれないが，まったくの誤った概念である。現実のスキナーの思想は，人類を含めたすべての動物が，どううまく生きていくのか，その可能性を探るものであり，人間の知的な行動の謎を説明しようとするものであったのだ。

### 集団ではなく個人（個体）として扱う

学習心理学は他の心理学と少し違っている点がある。それは，人間や動物を集団としてとらえるのではなく，あくまで1人ひとり（1匹1匹）を，ユニークな体験を積み重ねた個人（個体）として，別個に扱うという点である。したがって意外なことに，正統的な学習心理学では，心理学でよく用いられる平均値や統計といった概念が出てこない。かわりに，個別でユニークな学習の履歴が個体ごとに登場することになるのである。

本章では，「学習」というものがどのように成立するのかを，主にオペラントという概念を中心に説明していく。そこでは，自発されるさまざまな行動が扱われる。あるときはパズルのような箱に閉じ込められたネコの行動であり，あるときはお昼ご飯を食べに行こうとする学生たちの行動である。臨床的な行動として，発達障害児の自傷行動を考えることもできるし，ハトが実験箱の中で見せる不思議な行動について考えることもできる。これらは一見バラバラであるが，すべて自発される行動「オペラント」というキーワードを使って，1つの枠組みでとらえることができるのである。

### ソーンダイクの問題箱

学習心理学を基礎から考えるのに最もよい具体例は，ソーンダイクの問題箱

CHART 図 2.1 ソーンダイクの問題箱と学習曲線のグラフ

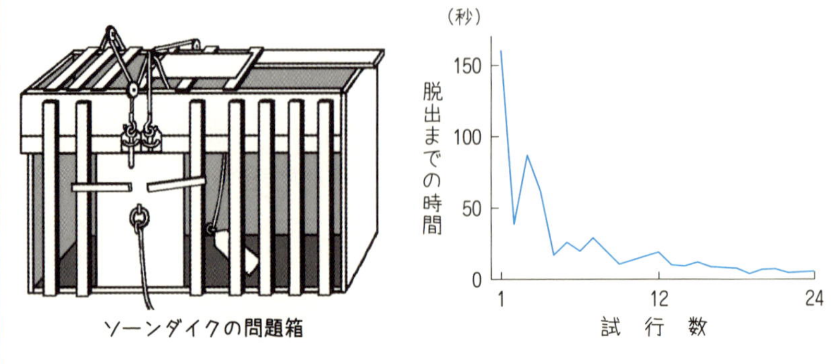


だろう。後に教育学者としても業績をあげたE.L.ソーンダイクは，1898年に報告した論文の中で，**図 2.1**（左）に示すような問題箱に主にネコを閉じ込め，この箱からネコが脱出できたときにエサを与える，という課題を行った。この箱は，扉が紐とおもりで開く仕掛けになっていた。この箱からの脱出の様子を，ソーンダイクは観察したのである。

**図 2.1**（右）は，それらの箱からの脱出までの時間を縦軸に，試行数を横軸にとったグラフである。こうした学習の進行過程を示す曲線を学習曲線という。グラフから，脱出の時間が試行数とともに急速に減少していることがわかるだろう。このグラフが物語るものは，このようなちょっとしたパズルを解くには知的な能力というよりも何度もトライして何度も失敗する，つまり「試行錯誤」こそが必要なことなのではないか，という考え方である。ネコは箱の中で，うろうろと動きまわったり壁を引っかいたりすることだろう。その中の１つの行動が，たまたま扉を開けることにつながる。そして，一度うまくいくと，次の同じ機会には，前よりも早く正解にたどり着くことができる。箱の仕組みや物理的な法則など理解せずとも，試行錯誤の結果うまくいくという体験を通して，ちょうどうまくいったときのことを記憶する。こうして，一見知的に見える行動も，試行錯誤の積み重ねで成り立っているのではないか，とソーンダイクは考えたのである。

この実験自体は，ある意味でとてもわかりやすい。すなわち，「何度も同じことを経験すれば上達」し，「その結果として知的に見える行動も達成されうる」というシンプルな事実の例示だからだ。わざわざ実験などしなくとも，そんなことは誰でも知っていることなのかもしれない。しかし，この事例をより形式的に分解してみると，理解は一変する。このシンプルな実験には，私たちの日常の行動をすべて説明しうる論理が含まれているのである。そのために，ソーンダイクの問題箱を少しだけアレンジした仮想的実験場面を考えてみることにしよう。

## オペラント――三項随伴性の枠組みで「主観」をとらえる

そもそもなぜ，ネコがソーンダイクの問題箱から脱出したがっているとネコの気持ちを定義できるのだろうか。「外に出ること」がネコにとって，いかにもよさそうに見えるから当たり前に思われるが，もしかするとネコは狭い場所にいるほうが好きで，外に出たくなかったかもしれないし，そもそも扉が開いてしまうこと自体，ネコにとって本当にうれしい出来事だったのかどうかは，ネコに聞いてみないとわからないのかもしれない。人間の本当の気持ちさえわからないことがあるのだから，「ネコの本当の気持ち」なんて周りの人間たちの勝手な思い込みなのかもしれない。このことを確かめる方法を説明しよう。

ここでは仮に箱の中でネコが行う行動を，①ペダルを踏む，②紐を引っぱる，③壁をける，の3つに限定して観察してみよう。もちろん，本当はこれ以外にもネコがとりうる行動に，選択肢はそれこそ無限に存在する。しかし，この3つの行動だけに注目して，ネコの行動を記述することは可能なはずだ。ここでは，学習心理学者の目をもって，それらの行動がいつ起こったかをノートに記録し，時間を測ることで，この3つの行動の自発頻度を測定してみることとしよう。

**⑴ 行動の「起こりやすさ」を測定する**　まずは，3つの行動が何ら意味のある結果をもたらさない状況で観察を行う。要するにペダルを踏んでも紐を引っぱっても，扉は開かず，ネコは外に脱出できない設定にしておくのである。当初ネコは外に出ようと，いろいろな「試行錯誤」をはじめるかもしれない。そのとき，上記の3つの行動が何度も登場することだろう。話を簡単にするため，10分ほど観察した結果，3つの行動の回数がまったく同じだったと仮定してみる。すると，①，②，③の起こりやすさは，いずれも33.3%（小数第2位切り捨

て）ということになる。

この「何の結果ももたらさない」のに出現する行動こそ，「自発」された行動，すなわちオペラントである。そして，その自発頻度をオペラントの「起こりやすさ」ということで，オペラント・レベルとよぶ。

⑵ **自発したオペラントに結果を随伴させる**　さて，10 分の観察が終わったところで，同じネコを再び同じ箱に入れる。2 回目の試行だ。ただし，今回は①のオペラント，すなわち「ペダルを踏む」という行動を自発したときにのみ，扉が開いて脱出できるような設定に変更する。すると，今回についてもこのネコは，確率 3 分の 1 で，上記①，②，③の行動を行うことだろう。この 3 分の 1 という数値は，事前に測定しておいた各行動のオペラント・レベルの値から予測されたものである。しかし，10 分を待たずしてどこかの時点で，①の行動が出現し結果的に扉が開くことになる（扉が開くという結果が，随伴する）。その瞬間，ネコは脱出できることになる。

⑶ **1 回目と同じ状況で「起こりやすさ」を測定する**　さて，脱出したネコをつかまえて，少しかわいそうだが 3 回目となる試行を行ってみる。再度ネコを箱に閉じ込めるのである。そして，今回は 1 回目とまったく同じ状況で測定を行う。つまりどのような行動によっても扉が開かないように設定し，①，②，③の行動の回数を記録していくのである。最初の試行と同じように 10 分間，これを行ったとする。ここでみなさんに質問。①，②，③の行動の回数は，1 回目の試行と比べどのように変化するだろうか。1 回目のとき，この 3 つの起こりやすさはすべて同じであった。今回もそうなるだろうか。

少し考えればわかるが，2 回目のとき脱出につながった行動である①が，②と③に比べ，圧倒的に高い頻度で観察されることになると予測される。なぜなら，ついさっき，この「ペダルを踏む」という行動で外に出られたのである。今回も外に出たいネコは，紐を引っぱったり壁をけったりといった行動は，ゼロではないだろうがあまり行わないだろう。ということで 10 分観察してみたところ，3 つの行動の自発頻度は，80%，10%，10%，といったデータになったとしてみよう。

このような変化が現れたのは当然とみなさんは考えるだろうか。「ネコは外に出たいと思っているから」とネコの気持ちを推測できればよいのだが，ネコ

CHART 図 2.2　ネコの行動の自発頻度とその変化

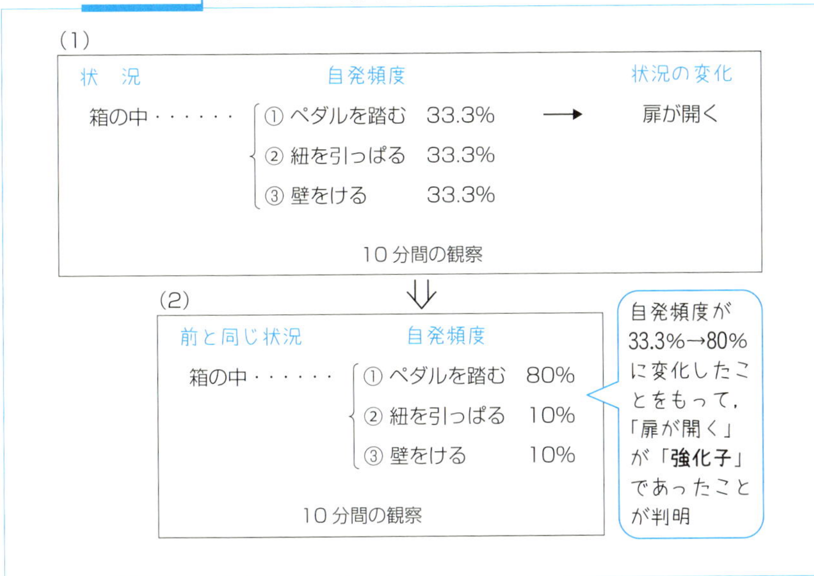


の気持ちがまったくわからない場合はどうだろう。今回の実験から，ネコの気持ちを知る手がかりがどこかにないだろうか。ここで手がかりとなるのが三項随伴性である。この三項随伴性を用いた枠組みによって，客観的な数字を用いて「ネコの本当の気持ち」を定義することができる。具体的には，1 回目の「ペダルを踏む」というオペラントの自発頻度 33.3% と，3 回目の頻度 80% を比較し，明らかに後者が上昇していることをもって定義されるのである。定義されるのは，2 回目にこのオペラントの結果起こった「扉が開いて外に出る」という出来事に対するネコの気持ちである。「ああ，以前（1 回目の試行）にはやらなかった行動を，今（3 回目の試行）頻繁にやるようになったということは，この前（2 回目）の経験（外に出る）はよいことだったんだな」とさかのぼって定義される（図 **2.2**）。

この「主観」を定義するための，行動の変化を分析する方法（枠組み）が三項随伴性の考え方である。今回の「問題箱の中のネコ」の例でいえば，問題箱の中にいるという状況を**刺激**，ペダルを踏んだり壁をけったりする自発される行動を**反応**，その結果起こる扉が開いたり外に出られたりする状況の変化を**結果**とよび，この刺激―反応―結果の 3 つの組を**三項随伴性**（three-term contin-

CHART 図 2.3 三項随伴性

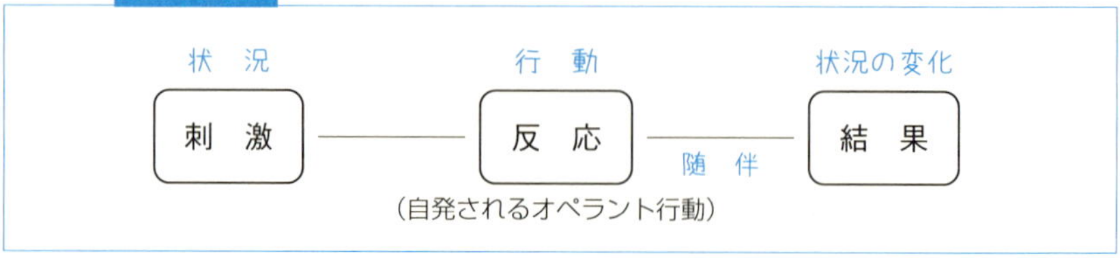


gency）とよぶ（図 2.3）。随伴性とは contingency の訳語で，ニュアンスとしては，「たまたま引き続いて起こった（ことによって結果として必然的な関係ができる）」といった意味合いの言葉である。学習心理学では，オペラントはあくまで自発されるものであって，ご褒美に扉が開いたのではなく，たまたまその結果が伴ったと考えるのである。そして，次の同じ機会（この場合は 3 試行目），結果がどうなるかはともかく，ネコはさまざまな行動を自発する，というわけだ。

「自発的行動（オペラント）の生起頻度の変化から過去に起こった出来事の主観を探る」というこの枠組みがすばらしいのは，人間を含めた動物のすべての行動の変化を，この枠組みでとらえることができるからだ。「すべて」というところがミソだ。人間らしい，実験にはなじまないふとした行動も，人生をかけて行う命がけの行為も，すべてこの三項随伴性で考えることができる。もちろんそのためには，当該の行動や環境のどの部分が「刺激」「反応」「結果」にあたるのか，行動を分析して特定しなければならない。以降では仮想的に，「お昼ご飯を食べに行く」「自傷行動の治療」「一見無意味に見える迷信的な行動」について，この三項随伴性で解説していくが，そこでは，何がオペラント反応で，何によって反応が変化するのかを，あらかじめわかっているものとして扱っている。現実の行動をとらえ分析していくには，本当はこの部分が難しいのであるが，仮に刺激，反応，結果が特定できさえすれば，それまで心理学が漠然としかとらえることができなかった「主観」を，行動から客観的にとらえることができるのである。主観を定義する方法を，オペラントの概念によりはじめて心理学は手にしたともいえるだろう。

POINT

- □ 1 学習心理学はすべての行動をオペラントとレスポンデントに分類する。
- □ 2 学習心理学は集団ではなく個体を扱う。
- □ 3 ソーンダイクの問題箱を考えればオペラントの概念が理解できる。
- □ 4 オペラントは，結果がどうであるかに関係なく，常に自発されるものと考える。
- □ 5 刺激と反応そしてその随伴性が分析できれば，主観を客観的に定義できる。

# 2 オペラントで日常事例を説明する

## お昼に食堂に行くのは友だちが目当て？

なにげなく自発される行動には，必ず何らかの結果が伴う。歩き回ったり指で物をいじったりといったミクロな行動から，学校に通っている学生がお昼ごはんをどこで食べるのかといったマクロな行動まで，レベルはいろいろとあるだろうが，いずれにせよ，それぞれの行動には，その行動を行った結果，必ず状況の変化が伴う。歩き回ることで視界が変わることもあるだろうし，お昼をコンビニではなく食堂で食べることで，好みの料理にありつけることもあるだろうし，友人にも会えるかもしれない。

ここで，次のように考えてみる。「視界の変化」や「親しい友人に出会うこと」は，当人にとってよいことだろうか，それとも悪いことだろうか。もし視界が変化して気がまぎれるのであれば，その人は同じように，ちょっといらいらしたときに立ち上がって歩き回るという行動をとるかもしれない。目当ての料理があるのなら，同じように次の日の昼休みに，その人はお昼の場所として食堂を選択するかもしれない。

重要なことは，当人にもたらされた結果がよいことなのか悪いことなのか，さらにはもたらされた結果のどの要素がそうした印象をもたらすのかは，観察者にはもちろん，当人にもわからないことが多いという点だ。もしかすると，食堂に行くことの目当ては，食べ物ではなく，人に出会うことなのかもしれない。あるいは歩き回ることは，視界の変化よりも，足の疲れをほぐすことにつながっているのかもしれない。しかし少なくとも，仮に前回と同じような状況

CHART 図 2.4 お昼の行動を刺激－反応－結果でとらえる

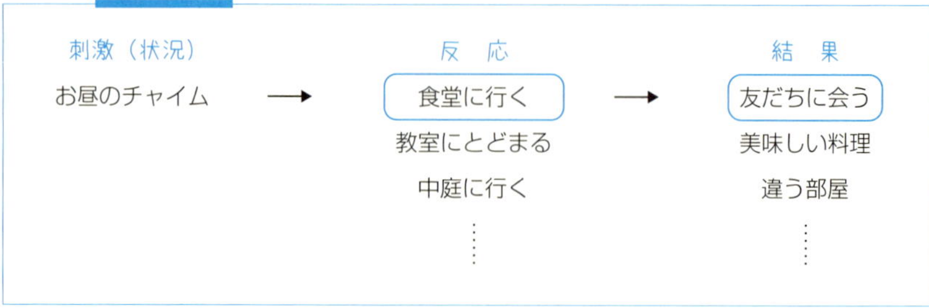


で，その行動が再び選択されるならば，それは前回のその行動のもたらした「結果」が，その当人にとってよいものであったということを意味しているだろう。そして，当人は，意識しているにせよしていないにせよ，同じ状況がやってくれば，同じ行動を選択しようとするだろう（図 2.4）。

こうして，刺激（状況），オペラント反応，結果という 3 つのセットを考えるとき，以下の発想にたどり着く。すなわち，ある機会にもたらされた「結果」がその個体にとって「よいものであったのか悪いものであったのか」を，次の同じ「状況」での行動頻度の上下によって測定できる，とする発想だ。もしお昼という「状況」に対し，前回と同じように「食堂に行く」というオペラントを自発するのであれば，その学生にとって，食堂に行くことによって過去にもたらされた何らかの「結果」が，よいものであったということを意味している。より厳密にいえば，「食堂に行く」という行動が，自発される頻度をあらかじめ測定しておき，ある結果（経験）によりその頻度が上昇したのであれば，その経験はその人にとって「よかったこと」と定義できるだろうとする 1 つの考え方である。このように，次のチャンスに自発されるオペラントの反応確率を上昇させるような結果のことを，スキナーは**強化子**（reinforcer）とよんだ（図 2.2 も参照）。

もちろん，食堂に行くことによってもたらされる「結果」には，食べ物もあるだろうし人に出会うこともあるだろう。あるいは温度や気温の変化というものもあるかもしれない。あるいはその複合こそが重要なのかもしれない。そのいずれが重要であるのかは，日常場面を単に観察しているだけではわからない。そこで実験が必要となる。

たとえば，「人に出会う」という要素を取り除いてみる。それでも「お昼に食堂に行く」という行動は選択され続けるだろうか。あるいは料理のメニューを変えてみたらどうだろう。部屋の温度などの要素も変化させてみる，という実験操作もありうるだろう。人間相手に日常場面においてこうした実験を行うことは，現実には難しいかもしれない。しかし，原理的に不可能というわけではない。実際，臨床的な場面において治療などの目的で，クライエントの望ましくない行動を変化させる必要がある場合は，実験とはいかなくとも，丁寧な日常の観察により，当該の毎回自発される行動が維持され続けている原因を，その行動の結果の中に探るといったアプローチがとられる。学校をさぼってしまう子どもの行動を指導しなければならないとき，学習心理学をよく知っている教師であれば，「学校に行かない」というオペラントがもたらす結果のうち，何が子どもの行動をコントロールしているかを探ることが重要だと考えるだろう。

重要なことは，「よかった」という主観的な価値判断が，「行動の自発頻度」という客観的に測定可能なものによってのみ定義されている点だ。ここに学習心理学の大事な点がある。「よかった」という主観を，心を記述する言葉で定義することは簡単だ。しかし，測定可能なものによって定義することは難しい。スキナーは，その具体的で実行可能な手続きを提案したのである。

POINT

- □ 1　日常的な行動も，すべて刺激－反応－結果の三項随伴性によって説明できる。
- □ 2　ある出来事が当人にとってよかったのかどうかは，次の同じ状況での反応（の確率）によって客観的に定義できる。

# 3　問題行動に対処する

臨床事例

## 行動の内容ではなく行動の結果を検討する

この実行可能な手続きは，現実の場面でも役に立っている。ここでは，刺激，反応，結果の三項随伴性が維持されながら，「反応の型」（configuration）を変

CHART 図 2.5 自傷行動を維持する三項随伴性

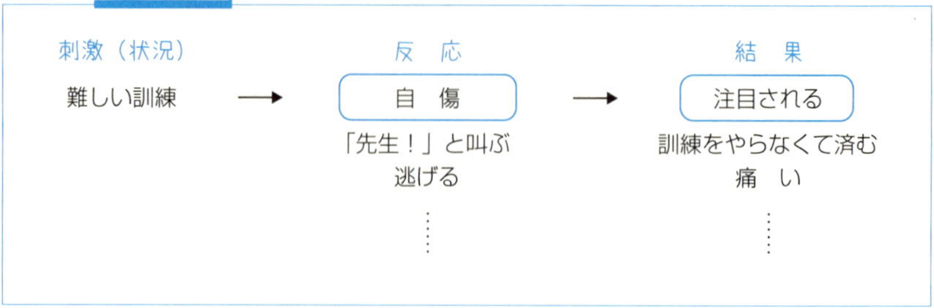


更することで問題行動に対処した例を用いて説明してみよう。

発達障害児や学習障害児には，ときとして自分の手を噛んだり，頭を壁に打ち付けるなどの「自傷行動」に走る子どもたちがいる。こうした問題行動をなんとかやめさせたいとする。療育の現場で，絵カードなどを使って言葉を覚える訓練を行っていたとする。その訓練場面で，ある子が自傷行動を頻発するようになった。これをなんとかやめさせたいのだが，学習心理学ではこのような事例にどう対処するだろうか。

まず必要なことは，自傷行動というオペラントが，どのような結果によって維持されているのかを検討することである。この行動が頻発するということは，そのオペラントを自発することで，何らかのよい結果，すなわち強化子が毎回もたらされると考える。たとえば，少し難しい訓練に直面するなどの特定の状況に際して，自傷行動というオペラントを自発することで，「注目」などの望む結果が毎回得られているからこそ，この行動が維持されると考えるのである（図 2.5）。

自傷行動のような派手な行動を目にすると，人はその行動自体に目を奪われてしまい，前後の関係にまで思いが及ばない。しかし，学習心理学では，自傷行動という見た目の行為（反応の型）にはあまり関心がない。かわりにある行動を，刺激，反応，結果の３つの随伴性のセットでとらえることで，その行動の内容ではなく，どのような結果をもたらす行動であるのかという関係性によって定義するのである。

## オペラントの「反応の型」を置き換える

もしその子が，自傷行動により，みんなに注目されるという強化子を得ているとしよう。すると，自傷行動というオペラントは，あくまで「注目」という結果を得るために，毎回自発的に選択された行動だということになる。この行動をやめさせるには，オペラントの随伴性を変えずに反応の型を置き換えるということを行えばよい。たとえば，「自傷行動」というオペラントを自発したとしても，まず無視するということで「注目される」という結果がもたらされないようにするのである。

最初の数回は無視するのはたいへんかもしれないが，自傷行動が自発されたとしても，平静を装い，なんとしても注目しないようにする。するとその子はあてがはずれたということで，なんとか別の手段で注目をあびようと，他のオペラントを自発してみるだろう。たとえば「先生！」と叫ぶかもしれないし，机をバンバンとたたくかもしれない。そこで，望ましい行動，たとえば「先生！」と叫んだところで，すかさず強化子を与える，つまり「注目」するのである。すると今度の同じ状況でその子は，もはや自傷行動を自発しても強化されないという経験をしているのだから，そのようなオペラントを自発せず，「先生！」と叫ぶようになるだろう。このように，刺激と結果の関係性を変更せずに，反応の型のみを置き換えることで，問題行動をやめさせることに成功することになるのである。

ある状況によってもたらされるオペラントとその結果の時間的な関係こそが，ある行動を維持し続けるのである。刺激，反応，結果，の３つ要因の時間的な関係によって定義される三項随伴性にとって重要なことは，ある結果をもたらす反応は，どんなものであってもかまわないという点だ。たとえば，ゲームセンターに行くことは，ゲームをしたり学校をさぼったりするために維持されているのではなく，友だちとつるむために維持されているのかもしれない。であるならば，「ゲームセンターに行く」のとは別のオペラントによって，同じ結果を得られるように三項の随伴性を変更できれば，ゲームセンターに行くという行動は選択されなくなるだろう。オペラントは，あくまで結果を得るためのツールであって，それ単独では意味もなく単に自発されている行動にすぎない。すべては刺激，反応，結果がこの順序でつながることによって行動が維持されていると考えるのである。

このオペラントという概念，あるいは三項随伴性という概念がすばらしいのは，完全に客観的に，「強化」といった一見主観的な概念を定義できることである。「次回の反応確率の上昇」をもって，前回の結果が強化子として機能していたかどうかを定義できる。「強化」というのは，ひらたく言い直せば，生体にとって「よかった」ということであるから，まぎれもなく心に関する言明を含意している。つまり心理学的な概念である。行動の客観的測定を行うことで生体の主観的な状態と環境との関係を定義できるという意味で，この学問は心の科学であるといえる。

## 4 心の中で因果関係はつくられる

迷信行動

三項随伴性について1つ注意しなくてはならないのは，この関係は因果関係ではないという点だ。刺激，反応，結果は，この順序で時間的に生起するとしても，あくまで生体は毎回「自発的」に反応を選択しているのであって，結果はその反応の原因というよりも，単に横に添えられ「随伴」しているにすぎない。生体は，環境の力によって操られているのではなく，あくまで主体的に選択しているのだ。そしてその選択がもたらす結果により，次の機会にもその行動が選択される。この連続により，その選択は維持され続けるのである。

### 雨乞い――人は学習し続ける

このことを明確に示す例が，いわゆる「迷信行動」とよばれている行動だ。多くの文化圏では，たとえば旱魃（かんばつ）などの際に人々は雨が降ってほしいと考え，雨乞いなどの儀式や祭りが行われることがある。ここで，偶然にも雨が降ってきたと仮定しよう。すると，仮に次の旱魃が訪れたとき，人々はまた雨乞いの儀式を行おうとするかもしれない。このとき，雨乞いを1つのオペラントととらえると，次の同じ機会の反応確率が上がったわけであるから，これは結果としての雨によって強化されたということになる。つまり，刺激（旱魃），反応（雨乞い），結果（雨）の三項に随伴性が生じているわけだ。

重要なことは，この3つに因果関係があるのかないのかということを，ここでは問題にしていないという点である。心理学が説明したいのは，雨乞いという儀式が維持される「心のメカニズム」であって，雨乞いと世界の因果関係ではない。もちろん技術の進展により，雨乞いと雨に因果関係がないことは，次第に明らかになり，雨乞いという三項随伴性はくずれるかもしれない。ここでは，気象学などの知識により，真の因果関係が明らかとなることで随伴性が破壊される，といった場合も含まれる。その知識をもった，いわば因果律を知る神の視点から見れば，雨乞いはいかにも「迷信行動」ということになるだろう。幸い私たちは，雨と雨乞いの関係については，いくぶん神に近いのかもしれない。しかし，他の多くの日常的な行動では，人間であり続けるだろう。予測不能な不確定な状況を，あらゆる生体は生きていかねばならない。

学習とは，不確定な状況の中で，当面うまく生きていくための答えを見つける手段ともいえるだろう。「迷信行動」というネーミングは，たまたま「真の因果関係」がわかっている視点から見て，その因果律からはずれた行動に名づけられたものである。私たちが学習し維持し続けているオペラントと，「迷信」と規定されるオペラントとの間には，心理学的にはなんの違いもない。すべては「迷信行動」ともいえるのである。

### ハトの実験——やらなくてもいいのに維持される

真の因果関係のもと，生体がどのような「迷信行動」を見せるかを鮮やかに示したのが，ハトを用いた1971年のJ.スタッドンとV.L.ジンメルハグの実験である。この実験では，ハトが何も特別な行動をしなくとも，一定時間がくればエサが出る，という設定がなされていた。実験では，12秒ごとにエサが出てくる条件や，あるいはエサが出てくるまでの時間が平均8秒でさまざまに変化する条件などを用意し，実験箱の中のハトがどのようなふるまいを示すかを観察したのである。実験箱の中にはハトがつつくようなキーも用意されていた。

さて，ハトはいったいどのような行動を示すだろう。何もしなくとも一定時間がたてばエサが出てくるのであるから，この真の因果関係をハトは見抜き，じっとエサが出てくるのを待ち続けるだろうか。それとも，先の雨乞いのように，何らかの迷信的なふるまいを見せるだろうか。

ハトの場合，結果は後者であった。すなわち，ハトによって維持されるオペラントはさまざまであったが，いずれにせよ次のエサが出てくる12秒という時間枠に操られるような，さまざまなふるまいをハトは見せたのである。彼らは，こうした「迷信」行動を，エサの後に生じる行動と，エサの時間に近づくにつれ生じる行動の2つに分類している。

たとえば，あるハトは，エサが出てくる12秒が近づくと，次第にエサ箱をつつく回数が増えるという行動を自発するようになった。また別のハトは，エサが出てきた2秒後に，体を4分の1回転させるという行動を自発するようになった。さらに別のハトは，ちょうど真ん中の6秒付近で，エサが出てくる壁沿いにヨコ歩きをするという行動を自発した。こうしたさまざまな行動は，いわば雨乞いの儀式のようにそれぞれのハトにおいて維持され続けたのである。

### 因果関係は主観的である

これらの行動は，確かに12秒のタイマーをセットし，自動的にエサが出てくることを知っている実験者からすれば，「迷信」かもしれない。しかし，三項随伴性という観点からすれば，これもまた知的な学習と何ら変わることがない。それぞれのハトにしてみれば，つつく回数を増やしたり，4分の1回転したり，ヨコ歩きしたりするオペラントを自発した「結果」として，エサを得ているのである。そこに真の因果関係があるのかどうかという点は問題ではない。学習心理学における「結果」とは，常に何らかのオペラントを自発し，その後に引き続いて起こる環境の変化であり，次の同じ機会において，そのオペラントの自発頻度が上昇するのであれば，その「結果」が生体にとって強化子として機能していたということを意味している。この自発される行動とその結果の関係こそが，生体にとっての因果関係なのである。

筆者はここに，オペラントあるいは三項随伴性という概念が，客観的に測定可能なものでありながらも，きわめて心理学的な概念であることを強く感じさせられる。というのもこの概念は，客観的な世界に関する因果関係の記述ではなく，主観的な認識世界における因果関係に関心があるからである。こうした考え方はオーソドックスな学習心理学者からすれば異端に見えるかもしれない。しかし筆者には，オペラントとは，心と環境の関係を記述しているという意味で，きわめて主観的な心の状態に関する言明を含んでいるように思われるのだ。

ときどき「心の記述を断念し，不可知論的かつストイックに行動を測定するのが学習心理学である」といった批判がしばしばなされることがあるが，それはまったくの誤りである。むしろオペラントとは，意志や主体といった主観的な心の状態を，しかし客観的に記述しようと意図された，きわめて挑戦的な概念なのである。

**POINT**

- □ 1 問題のある行動も，三項随伴性の中で常に自発されることで維持されている可能性がある。この随伴性を維持しながら反応の型を置き換えることで，問題行動をやめさせることができる。
- □ 2 三項随伴性は心の中での主観的な関係であって，客観的な因果関係とは独立している。

### Column ❸ 「刺激」という概念

オペラントという概念が，心に関するものであることを示す痕跡はいくつもあるが，心理学で用いられる「刺激」（stimulus）という言葉もまた，序章でも少しふれたが，主観と客観に深く関係する概念である。もともと刺激という概念は，1791 年，カエルの足の神経細胞を電気的に刺激すると，そのカエルの足が動くことを発見した L. ガルバーニにさかのぼることができる。

ガルバーニが用いた「刺激」という言葉のニュアンスには，仮に「足が動く」ということをつくっているシステムがあるとして，そこに電気というきっかけを与えることでそのシステムが起動する，といった意味合いがある。もちろん刺激がなければ足は動かないが，刺激が根本的な原因なのではなく，あくまでもともと「足を動かすシステム」が用意されており，そのシステムのスイッチを入れるのが刺激なのである。

心理学における刺激も，ある程度は，このような観点を継承している。つまり，刺激とはあくまできっかけにすぎない。ある刺激があったとしても，その刺激のもとで行動を起こすかどうかは主体にゆだねられている。刺激は行動の原因というよりも，行動をスタートさせるスイッチのようなもの，という点はここでも共通だ。しかし，いくつかの点で，学習心理学における刺激の意味は拡張されている。

第 1 に，刺激の指す範囲が拡大している。刺激は電気という物理現象ではなく，また画像や文字といった情報でもない。過去経緯なども含む状況全体を指している。たとえばお昼休みになったら食堂に行く，というオペラントの例で考えるならば，「お昼休みになった」ことが刺激であり，「食堂に行く」ことが反応ということになるが，ここでは「お昼休みになった」ことを構成するあらゆる状況すべてが刺激となりうる。単純に考えれば，お昼を知らせる鐘の音や，時計の針が 12 時を指す映像情報が刺激であるとすることができるかもしれない。しかし，「お昼休みになった」ということは，お腹がすいたり，みながお弁当を食べはじめたり，ただの日課であったりと，総合的な環境の状態を指しているとも考えることができる。それを 1 つひとつ画像や音の情報に分解しても，刺激が物理学的に特定できないこともありうるだろう。

第 2 に，こちらのほうがより重要だが，学習心理学では，刺激とは反応を引き起こすことではじめて定義されるものであるという点だ。反応を引き起こさない場合，刺激は刺激となりえない。これは行動主義的な発想の強みでもありまた弱みでもある。つまり，客観的ではあるのだが，循環論法に陥っているともいえるのである。すなわち，まったく同じ物理的状況であっても，反応をもたらさない場合は刺激ではない，ということになる。聞き逃した鐘の音は，決して刺激にはなりえない。つまり，刺激はその物理学的な性質からはいっさい定義できず，ただ反応によってのみ定義されうるのである。

アフォーダンスでよく知られている知覚心理学者，J. J. ギブソンは，“The concept of the stimulus in psychology”という論文において，刺激の概念を似たような形で検討している。たとえば「誰も聞く生物がいないとき，森の音は存在するのか否か」といった問いかけを行い，刺激の概念を議論している。もちろん音を空気の粗密波として物理学的に定義することはできるだろう。しかし，その波を認識する主体がいないとき，それはもはや「音」とはよべないだろう。同様に，行動主義心理学においても反応を引き起こす主体がいて，はじめて刺激が成立すると考えることができる。音が誰かに聞かれることではじめて音になるように，未だ反応を引き起こしていない刺激は刺激の候補ではあっても，まだ刺激になっていない，と考えるのである。

## 引用・参考文献　Reference

Gibson, J. J.（1960）The concept of the stimulus in psychology. *American Psychologist*, 15, 694–703.

CHAPTER

第3章

# ヒトの心の特徴

## 進化心理学

WHITEBOARD

涙を流す

how ： 状況の認知により，脳からの指令で涙腺から液体
↑メカニズム（どうやって？）を問う心理学の考え方

why ： 他者の攻撃行動を抑制？ → 生き残りやすい
↑「目的（機能）」を問う進化心理学の考え方

ヒトの進化は文化と遺伝子による

ミーム（文化）……観察学習により同世代に伝達
遺伝子……親から子へのみ伝達

観察学習の基礎
- 自己認知
- 演技
- 教える－学ぶの関係

KEYWORDS

進化　適応　変異　適応度　自然淘汰　遺伝子　形質　文化的な進化　ミーム　文明圏　水平伝播　道具使用　観察学習　バンデューラ　促進　模倣　積極的な教育　教える－学ぶ　自己認知　口紅課題　演技　他者

# 1 仕組み（how）ではなく目的（why）を問う

## 進化心理学の考え方

進化心理学は，人間の心を進化の産物ととらえることで成り立つ。心がどのようなメカニズムで成り立っているのか，という問いは通常の科学的な発想である。したがって通常の心理学では，この本の他の章でもいろいろな方法論により繰り返し説明するように，知覚，認知，感情といった心の働きがどのような仕組みで成立しているのかを説明する。場合によっては，脳科学的な説明をもちだす場合もあるだろう。

これに対し，進化心理学の発想は，説明の仕方が根本的に異なる。それは，仕組み（how）を問うのではなく，機能や目的（why）を問うことが主眼になるからだ。進化心理学では，前者の考え方を「至近的説明」とよび，その際に用いられる要因を「至近要因」とよぶのに対し，後者の説明に用いられる要因を「究極要因」（ulitimate factor）とよんで区別する。というのも，なぜ特定の心が進化したかを考えるには，その仕組みがもつ機能を特定し，進化が起こった環境において，どのように適応的（adaptive）であったのかを説明する必要があるからだ。

たとえば悲しいとき人は涙を流す。この「涙を流す」という行動を説明するとき，状況を認知し，その結果感情に関する判断が下され，今は悲しみを感じているというような「結論」がはじき出される。この無意識のメカニズムが計算した「結論」によって，脳の感情をつかさどる部分から涙腺に指令が送られる。すると，涙腺に蓄積されている涙が目から流れ出る。こうした説明は，「泣く」という過程を一種の機械とみなし，その仕組み（how）を説明しているという意味で，至近要因による説明ということになる。ちなみに，目が乾かないように継続的に流れている涙（continuous tear）と悲しみによって流される涙（emotional tear）は，神経支配が異なっていることがわかっている。

一方，こうした説明ではなく，「人は何のために涙を流すのか」ということを問うこともできるだろう。たとえば，涙は他者の攻撃行動を抑制し同情を引くという機能があるのかもしれない。他者の助けを引き出しやすい個体は，適応的，すなわち生き残りやすかったと考えるのである。あるいは，「泣く」ということを自らの弱みをあえて見せる行動ととらえれば，逆に泣くことによって他者の深い信頼を獲得することができるかもしれない。つまり，泣くことができるメンバーで構成されている集団は，泣くことができないメンバーの集団よりも生き残りやすかったと考えることもできるだろう。ちなみに，「泣く」という行動，すなわち感情によって目から液体を流すのは，基本的には人間のみがもつ特徴と考えられている。逸話ではゾウが涙を流したという報告もあるが，基本的にはチンパンジーもゴリラも，あるいはイヌやネコもすべて感情の涙は流さない。つまり，泣くという行動は人間にのみ進化した特徴なのであり，その適応的な意義（why：「なぜ泣くのか？」という問い）を考えるのが進化心理学の考え方である。

### 進化論の考え方――どのような過程で特定の行動が進化するのか

ある能力（たとえば「泣く」）をもつことが何らかの機能（たとえば「他者に助けてもらえる」）をもつとしよう。このとき，その能力をもつ個体（「泣ける」個体）ともたない個体（「泣けない」個体）が，集団の中にいるとする。すると，その能力をもつ個体は何らかの機能を達成し，その能力のおかげで利益を得ることができるだろう（「泣ける個体」は他者に助けてもらえる）。すると，能力をもつ個体のほうがもたない個体よりも，たとえわずかであったとしても，生き残って子どもを残す確率が高くなる。ここでもし，当該の能力（「泣く」という能力）が若干であってもその子どもに遺伝子によって伝達されるものであるとするなら（「泣ける」親からは「泣ける」子どもが生まれやすい），世代を重ねることで，適応的な能力をもつ個体が増えていくことになる。

進化において最も重要なのは，①きょうだい間で異なっていること（変異），

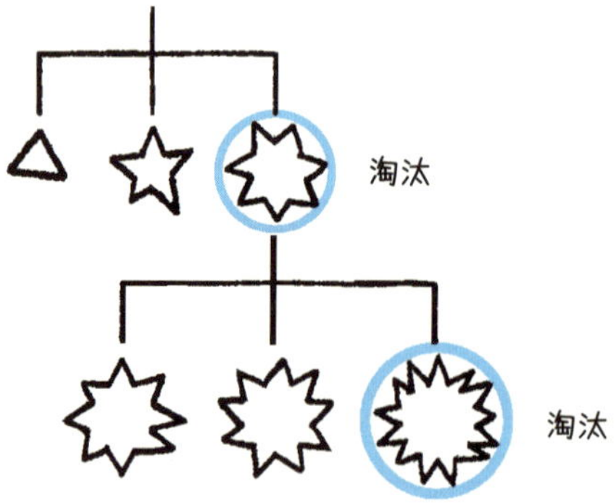

きょうだい間の変異と淘汰により進化が進む

②その違いにより生き残りに差があること（適応度が違うこと），という2つの条件がそろうことである。変異が生じ，そのきょうだいの間で能力のアリ・ナシによる適応度に差があれば，必ず適応的な個体が生き残り（自然淘汰）その能力が進化する。この考え方こそ，C. ダーウィンの進化論の骨子である。進化心理学では，人間の心もこの変異と淘汰の結果として進化してきたのだ，と考えるのである。

## 進化心理学の方法

ヒト★の特徴を考えるためには，ヒトに似ているが少しだけ違う生物と比較することが有効だろう。では，ヒトと比べるのはどのような種類の生物がよいだろうか。進化心理学では，サルとヒトを比べ，サルとヒトがもつ共通の特徴を考えれば，ヒトだけがもつ特徴も明らかにできるとしてきた。

ヒトと生物学的に最も近いグループは，大型類人猿（great ape）とよばれるグループだ。具体的には，ゴリラ，オランウータン，チンパンジーといった種がこのグループに属する。ヒトとこの3種との間でDNAの配列を検討すると，少なくともその95％以上が共通していることがわかっている。もちろん残りの数％の違いこそが重要なのかもしれないが，心理学では歴史的に大型類人猿とヒトとを比較検討することで，ヒトの特徴とは何かを考えてきたという経緯がある。この3種の中でもチンパンジーはいたずらを含めてバラエティ豊かな行動を示すこともあり，心理学的な実験研究に適していることもあって多くの示唆に富む実験の対象となってきた。

note

★ 人間も数多くの生物の一種である。生物学ではすべての種名をカタカナで表記する。この原則に従い，本章では人間を「ヒト」とカタカナで表記することにする。

進化論的には，ヒトとチンパンジーはおおよそ600～700万年前に分岐したといわれている。つまり，あなたの母親の母親のそのまた母親と700万年ほどたどっていくと，チンパンジーのほうからたどっていった母親の母親のそのまた母親とどこかで一致するということである。別の言い方をすれば，同じ母親から生まれた兄弟姉妹が，700万年たつと，いつの間にかヒトとチンパンジーに分かれていた，ということでもある。

この時間の間に何があったのか。ヒトの心に生じた何らかの特徴が，チンパンジーやゴリラと違っていたからこそ，人間らしさというものを獲得できたのだろう。その心の特徴を考えることが，進化心理学の役割ということになる。ヒトの心の特徴を，ヒトとチンパンジー，チンパンジーと大型類人猿以外のサルたちと比較しながら，ヒトの進化心理学的な特徴について考えていくことにしよう。

**POINT**

- □ 1　進化心理学では，心のメカニズム（how）ではなく，心の機能や目的（why）を考える。
- □ 2　進化心理学では，ヒトがもつ心の能力や特徴について，その能力をもった個体がもたない個体よりも生き残りやすかった結果，ヒトにその能力が備わったと考える。
- □ 3　チンパンジー，ゴリラ，オランウータンの3種は大型類人猿とよばれ，ヒトに最も近いグループであり，ヒトもこのグループに属するチンパンジーと共通の祖先をもつ。

# 2　文化をつくる心

## 文化による進化

多くの生物たちは，**遺伝子**による変異と淘汰によって行動を含めたさまざまな**形質**（生物がもつ遺伝的な性質のこと）を進化させていく。しかし，ヒトの進化が，ヒト以外の生物たちと大きく違う点が1つある。それは**文化的な進化**，とよばれる過程をもつことである。

「利己的な遺伝子」のキャッチフレーズで著名なイギリスの進化生物学者

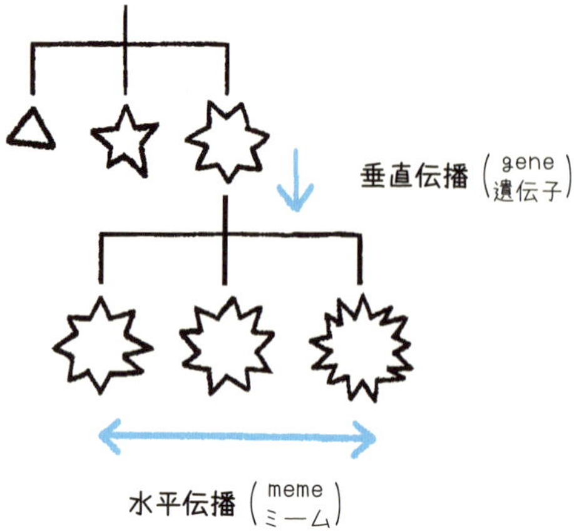


C. R. ドーキンスは，この脳に蓄えられ文化をつくりだす情報のことを，遺伝子の gene をもじって meme（ミーム）と名づけた。

つまり，ヒトは，遺伝子 gene による遅い進化だけでなく，脳に蓄えられたミームによっても進化することで，圧倒的に進化のスピードを上げた生物なのではないか，と考えたのである。

**Column ❹**に説明するように，ヒトは複雑な石器のみならず，この1万年の間，農耕を行い，都市をつくり文明圏を成立させてきた。その文明圏を支えているのは，文字，法，儀式，政治といった行動様式であり，これらのものはすべてミームと考えることもできるだろう。つまり，ヒトという個体を乗り物として，文明圏を支えるための情報が乗っかっているととらえるのである。少しセンセーショナルで皮肉な見方であるが，ヒトが主役ではなく，文化とその文化をつくりだす行動様式を主役におくことで，ヒトという生物がもつ進化の特徴を，より正確にとらえようとするのが進化心理学の考え方なのである。

たとえば石器のつくり方は，世代から世代へと伝達されてきた知識に基づいている。もちろん，すぐれた石器をつくる能力としては，遺伝的基盤をもつ記憶力，空間認知，運動制御に基づく能力も必要であろう。しかし，より具体的で詳細な石器のつくり方は，おそらく遺伝子に書き込まれた情報というよりも，脳に記録された情報が個体間で伝達され保持されることで「進化」してきたと考えられる。遺伝子の情報が，親から子へと「垂直に」しか伝播しないのに対し，脳に蓄えられた情報は，同世代の集団に対して「水平に」伝播していく。この水平伝播こそが文化進化であり，人間という生物の特徴となる能力なのである。

### Column❹ 進化心理学の物的証拠——石器

進化心理学では，ヒトの心の進化について考える。一方，ヒトの心は目に見えないため，化石として残る骨や化石などが，ヒトの進化についての唯一の「物的証拠」として研究の対象となってきた。

人類がいつから石器をつくりはじめたかについては，新しい発見によりその年代はさかのぼる可能もあるものの，おおむね 300 万年前から 200 万年前の間のものが最古の石器の化石であると報告されている（オルドワン石器）。しかし，意図的に作成したことがはっきりとわかるような化石は，おおむね 200 万年前より後の，ヒト属の登場の時代より見られるようになった。

たとえば 175 万年前にエチオピアで発見された石器は，いわゆる「アシュール文化」に属するハンドアックス（手斧）である。ハンドアックスを作成するには，もととなるより大きな石を選択し，完成形をイメージしたうえで適切な大きさの石を剝離させねばならず，その形態は計画的な意図がなければ作成できないものに見える。一部の西アフリカのチンパンジーは，固い木の実を割る際に，石を道具として使うことはあるが，鋭い刃をもつハンドアックスの作成は，ヒトに特徴的な優れた認知能力の表れであると推測できる。

複数の遺跡から出土する石器の化石を比較すると，石器の形態は何十万年もの間，世界の複数の地域でそれぞれ一定の様式を維持してきたことがわかる。こうした様式の維持の背後には，知識を正確に伝達するコミュニケーション力と，それを可能にした社会的ネットワークの存在を想定せずにはいられない。

石器を製作していた初期人類の集団は，言語をもっていたのか，どの程度の共感能力があったのか，さらには文化をどの程度伝播させることができたのか，といった点を知りたいところだが，具体的なことはほとんどわかっていない。1 つ確かなことは，現生の大型類人猿にはもちえない何らかの能力なしには，こうした石器の製作とその様式の維持は不可能であったという点だろう。化石となって残る石器は，進化心理学が単なる「なぜなぜ話」ではなく，確実に存在した初期人類の心の進化について考える，物的証拠であるといえる。

## 道具使用

ヒトの心の特徴が何であるかを考えるには，その心が生み出した結果の違いについて考えることが有効かもしれない。現在，ヒトは北極圏や砂漠も含めて，地球上のあらゆる場所に住んでいるが，チンパンジーはアフリカの熱帯雨林など，ごく一部に限局されて暮らしている。生物学的な生息圏の広さでいえば，ヒトはあらゆる場所で生きていく能力をもっているがチンパンジーにはそれがない。もちろん，その違いを生み出しているのは，身体的な能力の違いではなく，衣をまとい水を貯蔵し火をおこす能力である。つまり，道具を作成する知識の伝達を含めた文明をつくりだす能力ということになるだろう。

では，道具使用を可能にしているのは，どのような心の働きなのだろうか。まず簡単に思いつくのは，たとえばヒトとチンパンジーでは知的能力が違う，という答えである。

ここでよく考えてほしい。たとえばあなたは，自分１人で火をおこすことができるだろうか。ライターやコンロを使えば簡単にできるというかもしれない。しかし道具をつくることも含めてすべて１人でやれといわれると不可能であることに気がつくだろう。ライターは誰かがつくったものであるし，その使い方も誰かに教わったものである。つまり，道具そのものを作成したり使用したりするための知能よりも，その道具のつくり方や使い方を他人に教わったり学んだりする能力のほうが重要だということに気づくだろう。人間がチンパンジーを含めた他の霊長類種と異なっているのは，他者の得た知識を自分のものとして利用できる社会的な能力をもっていることである。

ヒトの心の進化の過程を裏づける証拠になるのが石器である。火や服は証拠として残りにくいが，石でできた道具である石器は，化石として残りやすく，その道具を用いていた集団が，どのような認知・運動機能をもっていたのかを推測する有力な手がかりとなってきた。その年代による変化は，ヒトの祖先たちの骨とともに，ヒトの心の進化の証拠となってきたのである。

**POINT**

□ 1　進化には遺伝子（gene）によるものと文化（meme）によるものがある。

□ 2　ヒトは文化の力によって生み出されたさまざまな道具を用いて環境に適応している。

# 3　他者から学び，教える心

## 観察学習

他者が学んだ知識を，観察することで学ぶ学習を観察学習とよぶ。第**2**章で説明したように，通常，学習は個体が試行錯誤と偶然の成功を繰り返すことで達成される。しかし観察学習では，他個体が行っているこの試行錯誤を観察しているだけで達成されるのである。

この用語はもともとカナダ出身のアメリカの心理学者，A. バンデューラが提唱した概念である。バンデューラは，子どもたちに2種類のビデオを見せた。1つは大人が人形を攻撃しているものであり，もう1つは遊んでいるものである。その結果，前者のビデオを見た子どもたちは，人形を攻撃するようになった。このとき，人形に対する行動は，自らの体験ではなく他者の行動を観察することで獲得された，と彼は論じ，学習が個体レベルで生じるとした当時の学習心理学の考えに一石を投じたのである。

観察学習には，他個体の「うまくいった！」「失敗した！」といった感覚を推定し，他個体がどのような意図をもって何かを行っているかを感じ取る能力が不可欠となる。これがヒト以外には難しい。「どうやってつくるのか見せてみてよ」と頼んで，それをじっと見て，「ああそうするのか」と納得するような場面は，私たちにとってはそれほどめずらしい場面ではないだろう。

観察学習には，単純なものから複雑なものまで，いくつかの分類が想定されている。最も原始的なものは「促進」(facilitation) とよばれているもので，他個体がいるときといないときで，何らかの意味で行動に変化があるような場合を指す。たとえば，ニワトリは，1羽でエサを食べさせるときよりも，エサを食べている他のニワトリと一緒に食べさせるほうがエサを多く食べる。このとき，「エサを食べる」という行動は，他個体を「観察」して「学習」したものではないだろうが，たとえば勉強をするにしても，図書館などでしっかり勉強している人といっしょにやれば，はかどるといったことがあるかもしれない。「促進」は，暗黙の空気のようなレベルで影響を与えているという意味では，観察学習を形成する原始的なものであるととらえることもできるだろう。

もう少し難しいものとなると，いわゆる模倣（imitation）がある。たとえば 2，3 歳ぐらいの小さい子どもが電話の使い方などを，あまり意味もわからず真似るということがよくある。3 歳ぐらいの子が「もしもし，早く帰ってきてね」とオモチャの受話器を持っているところを見たことがあるが，これなどは「意味もわからず真似ている」ということになるだろう。チンパンジーにも，「模倣」といえるような行動が報告されている。たとえば「石器で木の実を割る」という行動を子どものチンパンジーが石を持たずに腕のみを動かして真似る，といった行動である。模倣は，他者の意図や感覚といった心の状態に関わる情報を推定すること抜きに，見かけの行動のみをコピーしているような行動を指す。熟練者の技術を学び取るために，まずは「形から入る」ということも重要なのかもしれない。

しかし，ヒトが精緻な技術をもって多くの道具を作成できる背景には，これらの「原始的な観察学習」を超えた能力をもっているからだと考えられる。その 1 つが「積極的な教育」（active teaching）とよばれる一連の行動である。たとえば何かの技術を教えるとき，習得が難しい箇所のみ動作を遅くしたり相手に見やすくしたりする，といった行動がある。スポーツのコーチや複雑な機械の操作などでは普通に行われる行動だろう。これがヒト以外の動物たちでは難しい。

考えてみればヒトは，今自分が相手から見てどのような状態であるかを想像しながら教えるということを行うし，相手が何を見て何を考えながら教えようとしているのかを想像しながら学ぶ。この「教える－学ぶ」というコミュニケーションの関係があるからこそ，精緻な技術体系が世代間に伝播し蓄積され，その結果，地球上にヒトが繁栄する基礎となっているものと考えられる。

## 自己認知

積極的に教えたり学んだりできるためには，相手から見て自分がどのような存在であるのかを推測する能力が必要となる。自分を認識する能力，すなわち自己認知（self-recognition）があるからこそ，積極的な観察学習が可能となり，ヒトは精緻な文明をもつようになった。では，ヒト以外の動物たちの自己認知能力はどの程度なのだろうか。

アメリカの霊長類学者，G. G. ギャラップ，Jr. は，チンパンジーなどいくつかの霊長類を対象に，鏡を使って自己認知能力を確認するテストを行っている。このテストは，口紅を使うので**口紅課題**（rouge test：ルージュ・テスト）とよばれている。この課題では，鏡に映った視覚的な自己像と自分の体との対応関係が検討される。具体的には，麻酔薬などを飲ませてチンパンジーが眠っている間にこっそりと顔に口紅で印をつけ鏡を見せるのである。もしチンパンジーが鏡に映った映像と自分の体との対応関係を理解しているのなら，鏡に映っている口紅の赤に気がつき，口紅がついている箇所を触ったりして探索する行動が見られるだろう。鏡を見ているとき，印をつけた箇所を手で触る回数や時間を指標に自己認知を検討するのである。

1つの反論として，「もしかすると，チンパンジーはもともと鏡を見たときに顔を触ったり探索したりする性質をもっているのではないか」というものがある。つまり，口紅をつけたから顔を触ったのではなく，もともと顔を触るような性質をもっていたのではないか，という考え方だ。実験心理学では，こうした可能性を挙げ，それを論破するために「コントロール実験」を行う。ここでは，口紅を塗らないで，それ以外はまったく同じ手続きで実験を行うことになる。つまり，眠らせたあと口紅を塗らないで鏡を見せ，本実験で口紅を塗る予定の箇所を，どれぐらいの回数・頻度で探索するかを計測するのである。

口紅を塗らない条件と塗った条件，それぞれにおける顔への探索の回数・頻度を比較し，口紅を塗ったときに統計的に有意に回数・頻度が上昇したならば，「鏡を見て口紅に気がついた」と考えるのである。

実験の結果，いくつかの反論はあるが，まとめていえば，チンパンジーを含めた類人猿は，この口紅課題に合格することがわかっている。さらに，類人猿以外の霊長類では，たとえばニホ

### Column ⑤ 進化心理学のおもしろさ――性選択の理論で身体的魅力を説明する

ダーウィンの進化論の基本は，一定の環境のもと多様な個体どうしが生き残りをかけて競争するという点にある。生き残った個体は子どもを残すことで，適応的な表現型をつくり出す遺伝子を後の世代に伝達することができる。

力が強い，速く移動できる，高く跳べる，などの役に立ちそうな表現型が進化する理由は理解しやすいかもしれない。特定の環境においてある能力に秀でた個体が生き残った結果，そのような能力を発現させる遺伝子が広く共有されるようになったというわけだ。一方，何の役に立つのかが不可解な過剰な表現型がある生物に備わっている場合，その能力や形態がなぜ進化したのかがわかりにくいものがある。そのような例の 1 つに「クジャクの羽」があるだろう。

ダーウィンの「クジャクの羽を見るたびに気分が悪くなる」との言葉は有名であるが，飛ぶためには大きくて重すぎるし，動きも鈍くなるクジャクの羽がどんな場面で役に立つのかは，一見するとわかりにくい。こうした表現型は，なぜ進化したのだろうか。その答えを，ダーウィンは「性選択」というキーワードで用意した。

進化した個体がもつ表現型は，通常は環境への適応の結果であると考える。ただし，進化するかどうかは，要は子どもを残せるかどうかであることを思い出してみよう。「子どもを残す相手」，つまりメスからみればオスであり，オスからみればメスにさえ気に入ってもらえれば，飛んだり走ったりするには不便な形態であっても，子どもを残す確率が高まるので，環境での不利を補って，その形態をつくり出す遺伝子が後の世代へと引き継がれることになる。こうして，パートナーに選ばれることで個体が選択される過程を，自然選択と区別する目的で，ダーウィンは「性選択」とよんだのである。

となれば，人間の性選択がどのように行われてきたかも興味深い。たとえば顔についていえば「左右が対称な顔が選ばれる」「いや，完全な対称からわずかにズレた顔が選ばれる」などの研究結果があり，個人の好みの違いを超えて，人間が共通して魅力を感じる要素があることがわかっている。顔を含めた身体の物理的な魅力を研究するということで，この分野の研究対象は「身体的魅力（physical attractiveness）」とよばれる。日常的なヒトの行動の背後に，長い時間をかけた進化の大いなる原理が潜んでいるかもしれない。こうした俯瞰した視点を得られるところが，進化心理学のおもしろさの 1 つだろう。

ンザルを含めたマカク類では，このテストに単純な形では合格しないことも知られている。つまり，ヒトを含めた類人猿は，身体像を通じて自己の体を認識できる，すなわち鏡を用いた自己認知が成立すると考えられるのである。

自分の顔を直接見ることはできない。背中などもほとんどの部分を直接見ることはできない。さらには，見る器官としての「眼」は原理的に見ることができない。つまり，私たちには，他者から見てどのような姿であるのかを確かめることができない体の場所が，現実的もしくは原理的に存在する，ということになる。鏡は，こうした困難を突破できる便利な道具ともいえるだろう。

しかし私たちは，なぜ鏡に映った映像が自分の身体に対応していることを即座に理解できるのだろうか。見たこともない体の部分が視覚的にどうなっているかを，なぜ認識できるのだろうか。おそらく，それは体を動かそうとする意志／意図と，それに伴って動く視覚映像との間に何らかの関係を発見する能力を，ヒトやチンパンジーがもっているからだと考えられる。たとえば「口をとがらせて突き出す」という動きの意図と同時に起こる視覚映像の変化が目の前にあったとき，この２つに関連を見つけることができたとする。さらに「口をとがらせて突き出す」という意図が，自分の体のどこに変化をもたらすかも知っているとしよう。すると，その変化する「自分の体」と，目の前の（鏡の中の）視覚像との対応関係に簡単にたどり着くことができるだろう。こうして，ヒトやチンパンジーは，自己の身体像を鏡の中に見ることができる。そして，この能力が成立しているのならば，自分が他人から見て，視覚的にどのような状態にあるのかも，瞬時に推測できるのだと考えることができるのである。おそらく観察学習が何らかの形で成立するには，この「他者から見た自己の視覚像」を推測する能力が欠かせない。ヒトにおいて，高度な技術伝播を可能にする観察学習の基礎には，おそらく自己像の認知能力が存在するものと思われる。

### 他者の感覚を想像する能力

1980 年代後半，オランダの霊長類学者である F. ドゥ・ヴァールは，放飼場で飼育されているチンパンジーたちが，自分の利益のために「演技している」という驚くべき報告を行った。具体的には，順位が第２位のオスのチンパンジーが，第１位のチンパンジーが見ている目の前でだけ「足をケガして引きずっている」が，第１位のチンパンジーの視野から消えるや否や，何事もなかったかのようにすたすたと歩きはじめたのである。これ以外にも，放飼場で暮らすチンパンジーたちがいかに演技をして他個体をだまし，物事が自分に有利になるようにふるまっているのかという数々の観察事例が報告された。これらの報告を，彼は *Chimpanzee Politics*（邦題『政治をするサル』）と名づけ本にまとめたのである。この本は，間違いなくチンパンジーのイメージを一変させた。それまで，実験室などで知的な課題をこなすことはできるにせよ，それはあくまで訓練されたものであった。ところが，チンパンジーが自発的に演技しウソをつくことがわかったのである。

演技をする，あるいはウソをつく，という能力はどのような下位の能力に支えられているのだろうか。１つ重要だと考えられるのは，「他者の視覚世界」が想像できるということだろう。先の事例では，他個体の視野を意識して行動を変化させていたわけであるが，これなどは，「他者から自分がどう見られているか」ということが想像できなければ難しい。チンパンジーは，他者の視覚世界に自分がどのような視覚像として存在しているのかを想像できる能力をもっているのだろう。この能力をもつからこそ，だましたり演技したりすることが可能となり，「政治」とよべるような複雑な社会的駆け引きが可能になったものと考えられる。この能力が，チンパンジーを含めた類人猿たちに存在することは，先の口紅課題からも裏づけられる。鏡の中の映像と，自分の身体とを対応づけることができることにより，類人猿は他者の知覚世界をある程度想像することができるようになり，結果として複雑な駆け引きを行うことができるようになったの

演技する能力：相手が考えていることを考える

だろう。

ヒトは，その能力をさらに極端な形でもつようになった種であると考えられる。他者からどう見られているかを意識するだけでなく，他者が何を考えどのような意図をもって今ここにいるのかを，常に想像しながら他者と関わる。この能力こそが，単純な観察学習を超えた「教える－学ぶ」関係を可能にし，この関係によって蓄積された知識をもとにさまざまな道具や文明が生み出されたのだろう。ヒトがヒト以外の動物たちと比べ違っていたのは，類人猿には可能な鏡の認知や複雑な駆け引きを超えた，他者に教え，他者から学ぶ能力なのである。

POINT

- □ 1 道具の作成や使用などのヒトの文明の進化は観察学習によって支えられている。
- □ 2 観察学習を可能にする基礎には，自己認知や演技をする能力があり，チンパンジーにもその能力があることが報告されている。
- □ 3 ヒトの観察学習を可能にするのは，他者の感覚を想像する能力であり，その最大の特徴は「教える－学ぶ」の関係である。

**引用・参考文献** **Reference●**

ドゥ・ヴァール，F.／西田利貞訳（1984）『政治をするサル――チンパンジーの権力と性』どうぶつ社（Waal, F. de〔1982〕*Chimpanzee Politics: Power and Sex Among Apes.* Cape.）

CHAPTER

第4章

# 心は脳のどこにあるのか

## 神経心理学

WHITEBOARD

「主観」が脳という物質と関連している?

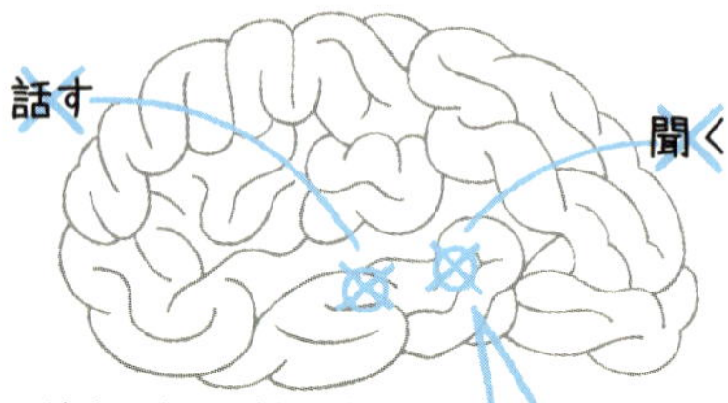


・脳が壊れると特定の能力がなくなる
……機能の局在

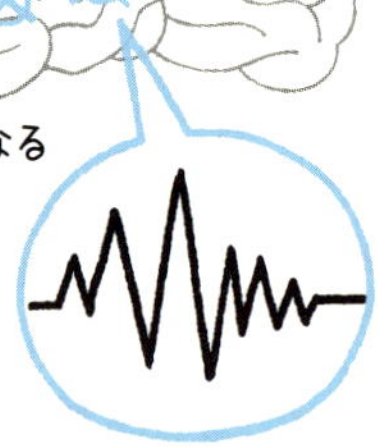

・ニューロンの電気刺激で記憶/感覚が生まれる

→ 「心は電気信号?」

ニューロン ―― シナプス
(電気信号) (化学物質)

KEYWORDS

脳　脳損傷　大脳新皮質　後頭葉　側頭葉　頭頂葉　前頭葉　半側空間無視　背側経路　腹側経路　ニューロン　シナプス　神経回路網（ニューラル・ネットワーク）　樹状突起　軸索　活動電位　神経伝達物質　ドーパミン　報酬系　心身一元論　心脳問題（心身問題）　心身二元論

# 1　なぜ心と脳は関係があるといえるのか

## 心は脳の中に閉じ込められている？

心は実体がない。大きさ，重さ，形をもたない。だからこそ心を計測して数値化していく作業が発展したことは，すでに述べたところである。大きさ，重さ，形，というのは物体の属性である。であるなら，なんとかして物体として心を扱えないだろうか。

このような動機から，脳という大きさ，重さ，形をもつ物体に注目が集まることはごく自然であった。心は大きさも重さも形もない。ただ少なくとも，この脳という1.5リットルほどの容積をもつ物体の中に心は閉じ込められている。そう考えることで，とらえどころのなかった心を，少なくともこの入れ物の中に閉じ込めることができた，と考えることはおかしなことではないだろう。

しかし，「心が脳の中に閉じ込められている」とはどのような意味なのだろうか。あるいは，どのような事実から，そうした発想がでてきたのであろうか。哲学者の中には，こうした発想自体を批判する立場もあるが，いかにも脳が心と関連しているといわざるをえない事実が存在する。この章では，まずこうした事例を検討することで，最終的には脳と心の関係を考えていくことにしたい。

## 脳損傷事例

心が脳の中に存在すると感じざるをえないのは，脳の一部が物理的に損傷を受けると，心の機能の一部が不完全な状態になる事実を前にしたときであろう。いわゆる脳損傷患者（brain deficit/damaged patient〔s〕）たちが訴える不思議な心

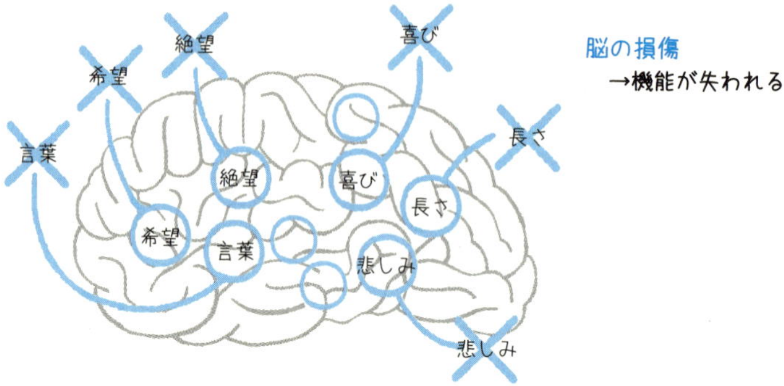


の世界は，最新の脳科学の発展にとっても最重要なデータを提供している。

たとえば，脳卒中や脳内出血などで，右半身に麻痺が出ている患者には言語の障害が見られる場合があるが，その患者は脳の左半球にある言語をつかさどる場所が損傷を受けていることが知られている。つまり，言葉をしゃべったり理解したりする能力は，脳の一部に限定されている。

脳損傷から心の機能を理解するためには，音声言語を発する能力（話す能力）と理解する能力（聞く能力）は，独立しているという事実を考える必要がある。たとえば話すことはできるが言葉を聞いて理解できない人もいるし，逆に話すことはできないが言葉を聞いて理解できる人もいる。重要なことは，この2つの機能不全が独立に起こりうるという点だ。確かに，話すことも聞くこともできない人も中にはいるかもしれない。しかし，話せない人が全員聞くことができないわけではない。このように，2つの能力が独立して起こりうることを，神経心理学の分野では二重乖離とよび，重要視する。それは要するに，この2つの能力が物理的に脳の別の場所で処理されていることを意味するからである。

**POINT**

- □ 1　物質でない心を物質としての脳の中に閉じ込めたいという発想がある。
- □ 2　脳の特定の場所が壊れると，心の特定の機能が失われることから，脳の特定の場所に心の特定の機能が「閉じ込められている」と推測される。

# 2 脳のマクロな構造

## 前頭葉，側頭葉，後頭葉

脳全体の中でも，外に見えているのが大脳新皮質とよばれる部分である。この部分を大まかに分けると4つの領野に分けることができる。すなわち，後頭葉，側頭葉，頭頂葉，前頭葉の4つである（図**4.1**）。この4つの領野は，まず図の中心溝により前と後ろに分けることができる。前の部分全体が前頭葉，後ろの部分に側頭葉，頭頂葉，後頭葉の3つの領域が存在し，基本的に中心溝より前は出力に，後ろは入力に関係する。「出力」というのは，体を動かしたりしゃべったりするような，何らかの意味で情報を出力することに関わる。これから先にどう行動するか，ということだといってもいいだろう。一方，「入力」とは情報の入力を意味し，見たり聞いたり触れたりするような，感覚に関わる情報処理だといえる。

では，この後頭葉，側頭葉，頭頂葉，前頭葉のそれぞれの役割を，もしその領域に損傷があった場合にどうなるか，ということを検討することでごく大まかに考えてみる。

**⑴ 前　頭　葉**　まず前頭葉であるが，この領域の損傷は，計画性の崩壊や人格の変容を伴うことが知られている。前頭葉研究を前進させたケースとしてフィニアス・ゲージの鉄道事故の事例が有名である。19世紀のアメリカの鉄道技師であったゲージは，鉄の棒が貫通するという事故により左前頭葉を大きく損傷することとなった。このような深刻な事故にもかかわらず，左目は失ったもの

CHART　図**4.1**　大脳皮質の4つの区分

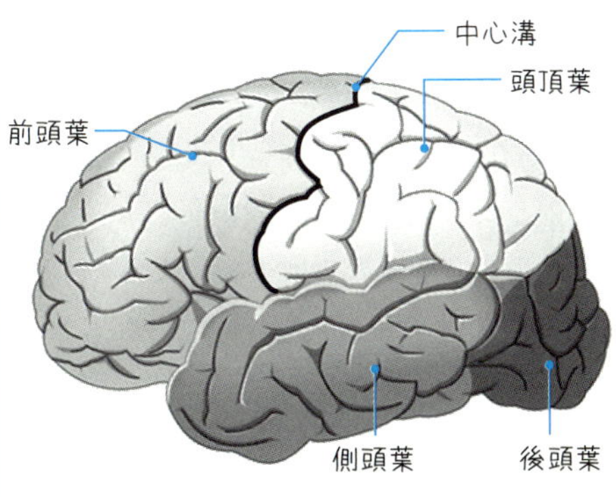

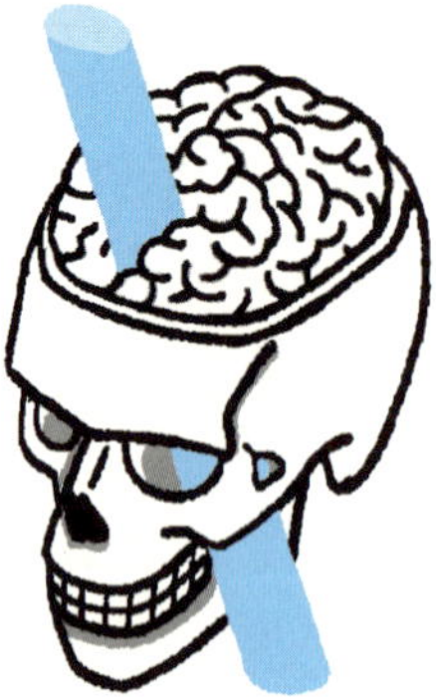

左前頭葉を損傷したフィニアス・ゲージ

の，彼は数カ月で身体的な健康を取り戻すことに成功した。しかし，部下に信頼され仕事もでき才能あふれるリーダーだったゲージは，感情を制御できず「気まぐれに以前には考えられなかったような冒瀆的な言葉を口にするようになった」という（Macmillan, 2000）。おそらく前頭葉は，感情の抑制や行動の計画などに深く関わっている。未来を想像し行動を順序だて，最終的に行為に移すという機能を担っているものと考えられる。

⑵ **側　頭　葉**　側頭葉では，主に物体の認知や記憶に関する情報処理がなされている。したがって側頭葉の損傷により，目の前の物体が何であるかがわからなくなる。重要な点は，目が見えていないわけではない，ということだ。つまり，目の前にある物体の形や色や表面は確かに見えている。しかし，それが何であるかがわからないという不思議な状態になるのである。

側頭葉の損傷で，最も頻繁に報告されているのは，相貌失認（prospagnosia）とよばれる顔認知の障害である。相貌失認は，それが顔であることはわかるが，誰なのかがわからない障害である。どれほど親しい人であっても関係なく，その顔が誰の顔であるのかがわからなくなる。家族であってもきょうだいであっても，さらにいえば自分の顔であっても同じことになる。興味深いことに，自分や家族の声を聴けばそれが誰であるのかがわかることが多い。つまり，「太郎さんである」「花子さんである」といった特定の人のことを思い出すことはできるのだが，視覚情報としての顔パターンがそれら各個人の情報と結びつかない状態となっているのである。

こうした事例をあわせて考えてみると，側頭葉は，目から入ってきた情報を，あらかじめ学習され記憶されているイメージと一致させ，今目の前にあるものが，自分の知っている特定の物体「X」である，と判断する過程に関わっていると考えられる。まさに視覚などの入力された感覚情報をもとに，それが「X」であると認知する過程をつくりだすことが，側頭葉の役割であるといえるだろう。

⑶ **後　頭　葉**　一方，後頭葉はより低次な情報を扱っている。この領野が行っていることは，物体の認知などの高次の知覚判断ではなく，光の当たり具合，影の付き方，隠れている部分の補完，向きの補正，動きの知覚などの，より網膜（入り口）に近い情報を処理することである。したがって，もしこの後頭葉に損傷を受けた場合，その人は，目は開いてはいるものの，そもそも物を見ることができなくなる。後頭葉は，物を見るために必要なすべての基礎的な過程を担っているのである。

### 半側空間無視と頭頂葉

これに対し，頭頂葉ではどのような情報が処理されているのだろうか。頭頂葉，特に右脳の頭頂葉の損傷により起こるよく知られた現象が，半側空間無視（hemispatial neglect）である。この患者は，視野の左側を無視する傾向がある。たとえば，**図 4.2**（左）のような図形を「模写してください」といわれたとする。すると**図 4.2**（右）の模写の例のような，左側を無視して描かないといったことが起こるのである。重要なのは，なぜ左側だけを描かないのかとたずねられると，「気がつかなかった」「気にならなかった」といった言葉を口にする点だ。つまり見えていないのではない。見えてはいるが重視しない，気がつかずに見落とす，といったことが起こるのである。おそらく空間的な注意に関わ

CHART　図 4.2　患者に見せられた図形（左）と患者による模写の例（右）

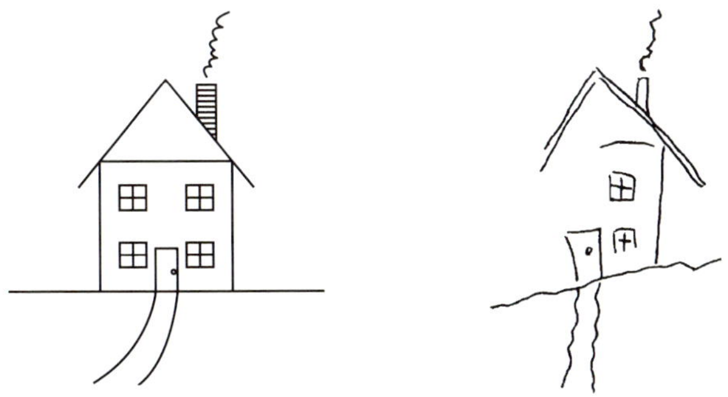

（出所） Carter, 1998 より作成。

CHART 図 4.3 患者に見せられた時計の文字盤（左）と模写の例（右）

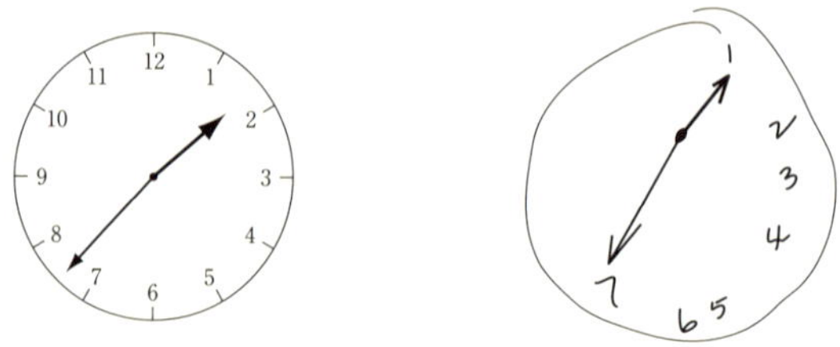

（出所） Carter, 1998 より作成。

る情報が，頭頂葉で処理されていると考えられる。

頭頂葉が「空間的注意」に関わっている証拠としてもう 1 つ，「アナログの時計の文字盤を描いてください」という課題の実験結果もある。右頭頂葉を損傷した患者は**図 4.3**（右）のような絵を描くのである。つまり，この患者は，時計の文字盤には 3, 6, 9, 12 が各右，下，左，上にくるように 1 から 12 までの 12 個の数字が「空間的な位置」に配置されることが理解できない。12 個の数字が存在していることもわかるし，正常なサイドである文字盤の右側の領域に数字を並べることはできるが，失認状態にある左側の領域は，空間的な処理ができず，しかも注意が行き届かないので，「ないもの」として扱ってしまうのである。

頭頂葉も，前述の側頭葉と同様に，後頭葉で処理された基礎的な視覚情報を用いることで，空間や位置関係の注意の制御を行っている。そこで脳科学では，後頭葉から頭頂葉へと至る背側経路（dorsal stream），後頭葉から側頭葉へと至る経路を腹側経路（ventral stream）とよび，その機能的な役割の違いが議論されてきた（**図 4.4**）。

常識的に考えると，視覚情報処理とは，見てその物体が何（what）であるかを決定する過程だと思われるだろう。しかし，同等な重要さで，身体と空間との関わりや，空間への注意の働きなど，物体の入れ物として普段は意識することのない空間の中のどの位置（where）にあるのかという処理も必要であることがわかってきたのである。視覚情報処理は，腹側系と背側系という 2 つの独立した情報処理経路により，認知過程が構成されている。

腹側系では，それが何であるのかが，純粋に視覚情報のみによって特定され

CHART 図 4.4 背側系と腹側系

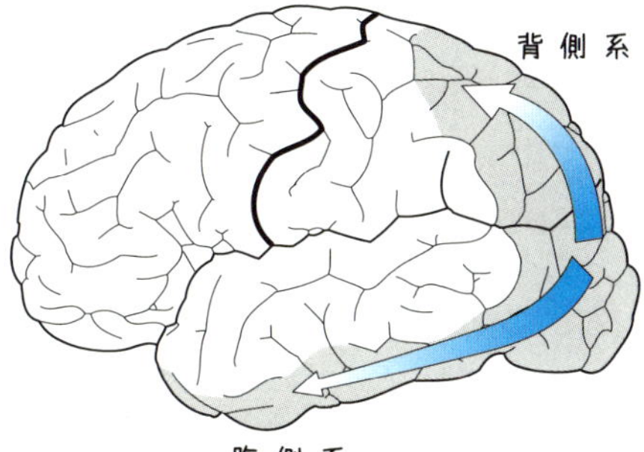


る。このとき，その物体がよく知っているもの（familiar）であるのか知らないものであるのか，といった情報も処理される。私たちは誰かの顔を見て瞬時に知った人か知らない人かを特定することができるが，こうした能力も腹側系の処理と関連がある。

一方，背側系では，目で見た情報に基づき，何らかの行為を制御することに関わっている。たとえば，階段の上り下りや飛んできたボールをつかむ，といった動作は，この背側系で処理されていると考えられている。したがって，もし頭頂葉を損傷し背側系がうまく働かなくなった場合，見た情報に基づき体を動かすこと全般に困難が生じる。

自らが医師であり頭頂葉の損傷患者でもある山田規畝子は，その著書『壊れた脳 生存する知』で，病院での食事の困難さについて記述している。病院の食事は通常，お盆に食器がのせられた形で出されるが，お椀をつかんで食べたあと，「お椀をお盆の空いているスペースに置く」ということがうまくできず，スープの入ったお皿の中にお椀を置いてしまったというエピソードを紹介している。この事例は，視覚情報に基づきどの場所がお盆の空いているスペースであるかの判断ができないことによるものと考えられる。ご本人の貴重な報告によると，奥行き関係が平板に見え，どこの領域が奥でどこの領域が手前であるのかがわからなくなったのだという。こうした視知覚の空間的な感覚は，おそらく背側系で処理されているものと考えられる。

**POINT**

- □ 1 脳の表面である大脳新皮質は大きく４つの領域に分けられ，それぞれ異なる役割をもつ。
- □ 2 大脳新皮質には，背側系と腹側系という２つの異なる視覚情報の流れが存在する。

## Column ❻ 腹側系は意識，背側系は無意識——背側系は錯視を感じない

腹側系と背側系は独立であり，時に矛盾することもあるという報告もある。それは，目で見る錯視が，手でつかもうとするときには起こらないというS. アグリオティらの実験報告である（Aglioti et al., 1995）。

**図4. 5**の左を見ていただこう。これはエビングハウス錯視とよばれる錯視で，左右の真ん中の2つの円の大きさは同じであるが，大きな円に囲まれている右側は小さく見えるのに対し，小さな円に囲まれている左側は大きく見える。

この錯視図形を，円盤などの実物を使って作成し机の上に並べる（**図4. 5**の右）。当然であるが，実物であっても視覚的には錯視が起こる。すなわち，左側の真ん中の円は，右側より大きく見える。ここで「真ん中の円を手で取ってみてください」と指示するのである。

私たちが物を手に取るとき，「プリシェイピング」といって，手や指がつかもうとする物の形に応じて開く動作が生じる。たとえば取っ手のついたコップをとろうとすると，その取っ手をつまもうとして親指と人差し指だけが開く動作がコップをつかむよりも前に事前に生じることになる。また，取っ手がなければ手のひら全体が開くことになるだろう。つまり，私たちは，触覚の情報ではなく，視覚情報のみに基づいて，その物体の物理的な形状を推定し，その物理的形状に合わせて手の状態を準備するのである。

ということは，もし大きな円と小さな円に囲まれた2つの真ん中の円のうち，エビングハウス錯視の原理に従って左側のほうが大きく見えているのであれば，「大きい円盤」をつかもうとするのであるから，手は事前に大きく開くと予想される。この仮説に基づき，手がどれぐらいの大きさで開かれるかを，装置を使ってリアルタイムで計測し，右の「小さい円盤」をつかもうとするときと比

CHART　図4. 5　エビングハウス錯視

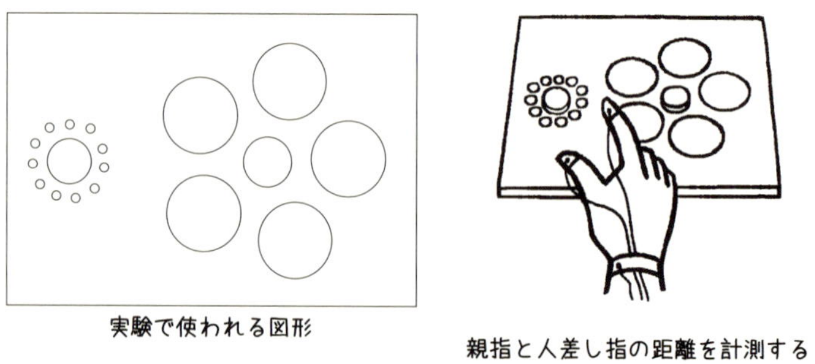

実験で使われる図形
親指と人差し指の距離を計測する

べてみたのである。

結果は予想外のものであった。なんと手は錯視に騙されることなく，左右の2つの円盤で正確に同じ大きさに開かれたのである。これはなぜだろうか。おそらく単純に図形を見るという過程と，視覚情報に基づきこれをつかもうとする過程は，脳の中で独立に処理されているからだと考えられる。前者は後頭葉から側頭葉に至る腹側経路で，後者は後頭葉から頭頂葉へと至る背側経路でそれぞれ処理が行われる。このうち，側頭葉を終点とする腹側経路は，それが何であるかを特定することに関わってはいるものの行為を伴わない視覚系であり，錯視の影響を受ける。一方，頭頂葉を終点とする背側経路は，行為に直結した視覚経路であり錯視の影響を受けないものと考えられる。体という物理的物体を制御する行動は，物理的世界をより正確にとらえているのかもしれない。

# 3 脳のミクロな構造

## ニューロンとシナプス

脳は何でできているのだろうか。「脳味噌」という言葉から連想されるのは，何か頭蓋骨の中にやわらかい均質な固体がぎゅっと詰まっているといった印象だろう。しかし，このイメージは正しくない。脳を拡大してみると，細胞が網目状の構造でつながっているのである。この網目をもっと拡大すると，脳を構成している1つひとつの細胞が見えてくる。脳を構成している神経細胞をニューロンとよび，ニューロンとニューロンのつなぎ目をシナプスとよぶ。そして，ニューロンどうしがつながっている網目のことを神経回路網（ニューラル・ネットワーク）とよぶ。このネットワークの広がりこそが脳を作っている。ヒトが何かを考えたり，特別な技術をもっていたりするのも，このニューロンどうしのつながり方がすばらしいからだと考えられている。すばらしい知能を生み出す特別なニューロンがあるのではなく，つながり方が特別なのだ。

1つのニューロンに注目してみると，そのニューロンが行っていることは，シナプスを介して他の複数のニューロンから電気信号を受け取り，この信号を

CHART 図 4.6 ニューロンとシナプス，軸索，シナプスの拡大図

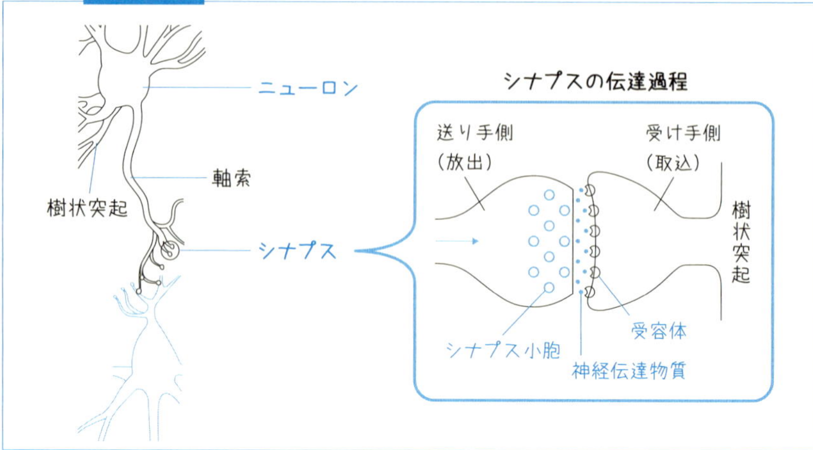


合計して隣のニューロンに信号を伝達するという作業である。この1つひとつのニューロンが行っている電気信号の伝達こそが，心をつくりだすすべてのもとになるものである。ニューロンの場所によって心に起こる感覚は異なっているが，すべて電気信号という意味では同じである。

いくつかの例外はあるが，基本的には，樹状突起（dendrite）を通じて集められた信号が細胞体で「計算」され，軸索（axon）を通じて電気信号が一方向に進み，シナプスを介して隣のニューロンへと信号が伝達されていく（図 4.6）。

この軸索における電気信号の伝達は，デジタルなものであり，電位が発生するかしないかの1か0かの値となっている。この電位のことを活動電位（action potential）とよぶ。活動電位は1か0かの値を取るので，「強い」信号を伝達する際に強い電流が流れるのではなく，活動電位が発生する頻度が密であるか粗であるかによって信号の強さが表される。この原理は，脳に限らず，身体のすべての神経細胞で共通である。たとえば痛みを伝達する神経があるとすると，強い痛みはニューロンの発火頻度が「頻繁である」ことによって伝達される。歯がすごく痛いときは，強い電気信号が流れているのではなく，すべて同じ強さの活動電位の，その頻度が多くなっていると考えられている。

## 神経伝達物質の働き

このようにニューロンの中では信号はデジタルなものであるが，ニューロン

とニューロンのつなぎ目であるシナプスでは，電気信号ではなく化学物質によって信号が伝達されている。

シナプスを信号の送り手サイドと受け手サイドに分けて考えてみる（図 4.6 の吹き出し）。送り手の「シナプス前細胞」の中には化学物質が含まれており，軸索から流れてきた活動電位の頻度が一定以上の値になると，この化学物質が細胞間の隙間に放出される。この化学物質が受け手であるシナプス後細胞表面にあるレセプター（受容体）に鍵のようにはまり込むことで，送り手から受け手へと信号がアナログに伝達されることになる。つまり，放出された化学物質の量に応じて，隣の細胞に伝達される信号の強さが制御されているからである。このシナプスでやりとりされる化学物質のことを，神経伝達物質（neurotransmitter）とよぶ。

心をつくりだしているのはすべてニューロンのデジタルな電気信号（活動電位）であるが，神経伝達物質は，この活動電位をニューロン集団全体として調整する役割がある。脳の覚醒水準を全体的に上げることに関わる神経伝達物質もあるし，落ち着かせることに関係している物質もある。

神経伝達物質には脳の中で働くものだけでも何十種類もの物質が知られているが，主要なものについてはその働き方の詳細も知られている。さらには神経伝達物質の異常と特定の精神病との関連も知られており，多くの精神科で出されている薬は，シナプスの働き方の理解に基づき，特定のニューロンの活動を抑えたり活性化したりすることに関わっている。

たとえばドーパミンという物質は，腹側被蓋野という皮質下の場所から前頭前野や前帯状回といった皮質に投射されているニューロンのシナプス伝達に用いられているが（図 4.7），これらのニューロンは学習や多幸感に関わっていることが知られている。報酬系とよばれるこの経路は，何かを達成して「うまくいった！」という感覚が生じるときに働いていると考えられており，性や食などの生命維持に直結する快感／多幸感にも関連している。

うつ病はこの経路の異常に関係することが知られているし，ADHD（注意欠如多動症）も，ドーパミン経路の異常と深く関連していることが知られている。したがって，ドーパミン作動性のニューロンを，神経伝達物質に似た物質の投薬によってどうコントロールしていくかが，こうした精神疾患に対する薬によ

CHART 図 4.7 皮質と皮質下の重要部位

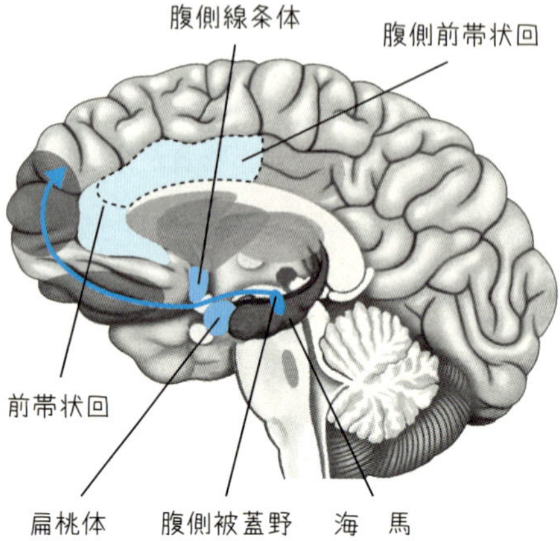


（注） 図中に示す脳部位は Column ❽，Column ⓭でも解説している。

る対処ということになる。

実は，世の中にあるさまざまな薬物は，神経伝達物質と類似していることが知られている。シナプスに直接働きかけることによって，ニューロンに活動電位を起こさせるのである。たとえば覚醒剤という物質があるが，この物質は基本的にはドーパミン作動性のニューロンに作用する。また，ADHD 児に投与されるメチルフェニデートも，ドーパミンと深く関係している。

脳はニューロンによる活動電位の伝達を行うデジタルなネットワークであるが，そのネットワークの活動を調節し制御しているのはアナログな化学物質なのである。この点から，「脳はケミカル・マシーン」とよばれることもある。

POINT

- □ 1 脳は拡大すると，ニューロンという部品が網目状につながったものである。
- □ 2 ニューロンどうしのつなぎ目はシナプスとよばれており，化学物質によって制御される。
- □ 3 ニューロンのデジタルな電気信号（活動電位）により，感覚や感情などの心の状態が生み出される。

# 4 心は電気信号？

同じ電気信号が，あるときは視覚をつくりだすし，あるときは聴覚をつくり

## Column ⑦ ペンフィールドの実験

カナダの脳外科医であるW. ペンフィールドは，てんかん治療の目的で外科的に露出★された脳を電気的に直接刺激し，そのとき体験される患者の主観的報告を記述することで，心と脳の関係に関する古典的な研究を行った。ここでは，脳のどの場所を刺激するとどんな感覚が起こるのかが網羅的に検討されている。

では具体的に，脳を電気刺激した場所とその際の主観的報告を見てみることにしよう。患者のM. M.は26歳の女性であり，側頭葉に発するてんかんに悩まされていてペンフィールド博士のもとを訪れていたようである。

まずは3番である（**図4. 8**）。この場所の電気刺激により「舌の左側にうずくような感じ」が生じたという。この脳の図は脳の右半球なので左半身に感覚を感じることが理解できる。おもしろいのは図の中心溝（central sulcus）をはさんでちょうど反対側の7番を刺激したときである。すると今度は「舌の運動が起こった」ということが報告された。また，2番を刺激した際には今度は「左の親指にうずくような感じ」が生じた。こうした事例を積み重ねることで，中心溝の前が運動野とよばれる運動の命令を出す最終出口，後ろが体性感覚野とよばれる触覚の入り口であることが明らかになり，さらに体のどの場所を担当しているのかが大まかに図のように並んでいることが明らかになったのである（**図4. 9**）。

電気刺激により起こる感覚は触覚や運動などの「出入り口に近い」単純なものだけではない。人の声が聞こえたり部屋が見えたりするようなものもあったのである。たとえば11番を刺激してみる。すると，母親が小さな男の子をよんでいるような声が聞こえたそうである。さらに12番を刺激すると，今度は川のほうで男の人と女の人がよんでいる声が聞こえたそうである。また，17の刺激の際には「いつもてんかん発作のときに見る場面だ！」という感覚とともに，「どこかの事務所の中で，机がいくつか見え」「手に鉛筆をもって机にもたれかかっている」「男の人が私をよんでいる」ような場面が見えたのだという。

こうした事例を見てみると，あるニューロンのネットワークに電気信号が走ることが，すなわちある場面が目の前に浮かんできたり声が聞こえてきたりす

note

★「外科的に露出」ということは，頭皮を切ったり頭蓋骨をノコギリで切ったりするわけで，麻酔で眠らされているのにどうやって「主観的報告」を行うのかという疑問がわくかもしれないが，脳自体には痛みを感じる仕組みが存在しないので，脳には麻酔をかける必要がない。そのため，脳を眠らせないまま本人と会話しつつ実験を進めることができるのである。このような手術は現代でも行われている。てんかん治療の目的で脳の一部を切除する必要があるが，その際に言語野などの重要な場所を切り取ってしまわないよう，脳のさまざまな場所が果たす役割を確認する必要があるからだ。

CHART 図 4.8 ペンフィールドが電気刺激を行った患者の右脳

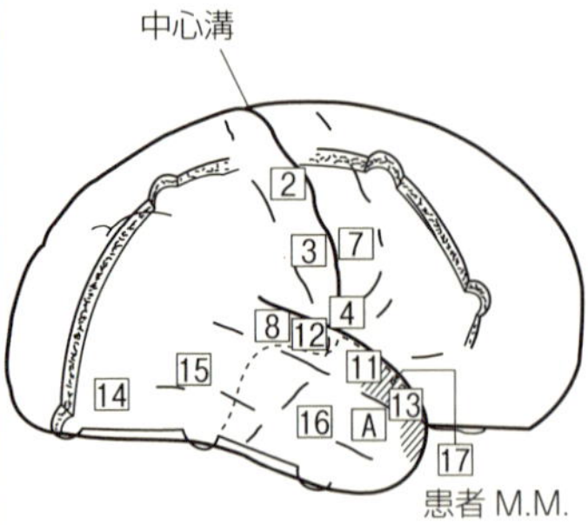


（出所） ペンフィールド，1987 を改変。
（注） 斜線がかかっている場所は表からは見えない裏側の部位。

電気刺激した場所に番号がついた小さな紙片を置いていった。

CHART 図 4.9 ペンフィールドの小人（ホムンクルス）

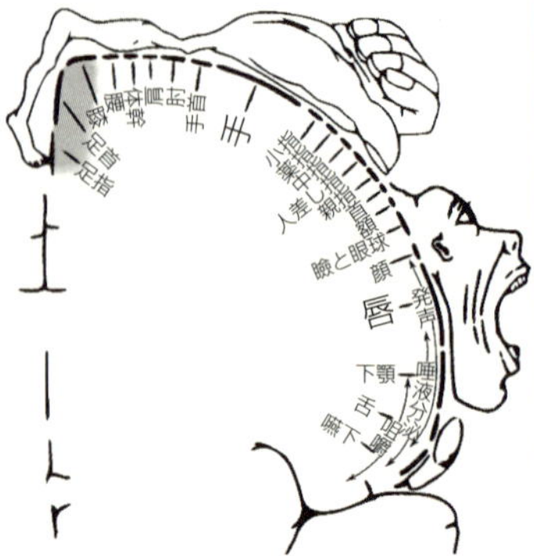


（出所） Wikimedia Commons より作成。

触覚入力と運動出力に対応する脳領域が，中心溝に沿って大まかに「再表現」されている。

ることにほかならないといいたくなる。つまり感覚も思い出もすべてはニューロンに走る電気信号である，ということになるだろう。

だす。また，まったく同じ電気信号が，なつかしさといった感情をつくりだすこともある。この違いは何から生まれてくるのだろうか。

簡単にいえば，それはニューロン集団の違い，もっといえば，脳の場所の違い，である。つまり脳は，基本的にはどの場所も，すべて同じ材料と同じ仕組みで動いているのだが，場所によって異なった感覚，異なった感情，異なった心の状態をつくりだすのである。

頭頂葉，側頭葉，前頭葉といった大まかな場所は，さらに細かくその場所によって分類されている。またこれらの脳のもっと奥の部分には，感情に関わる扁桃体とよばれる場所や記憶に関わる海馬といった場所も存在し（図 4.7），さらにそうした場所も細かく分類されている。脳科学を勉強し始めると，この場所の名前の多さに面食らうが，それは，それだけ心というものが，複雑な下位区分によって構成されていることにほかならない。そして最も重要な点は，これら名前のついているすべての場所で，ニューロンどうしがシナプスによって結合し，そのニューロン・ネットワークの電気信号によって，さまざまな種類

## Column ⑧ fMRI という発明

20 世紀後半までの脳科学的な計測手法としては，ヒトの頭部に電極を張り付けて脳波を計測する方法や，霊長類の脳に微小電極を刺入しニューロン活動を計測する方法などが主流であった。これらはいずれもニューロンの電気的な活動を直接とらえようとする手法であるが，それぞれに欠点がある。

脳波は電気信号を計測しているので，「いつニューロンが活動し始めたのか」を正確にとらえることができるが，反面，信号源がどこであるかがわかりにくく，脳のどの場所が活動しているかを知ることが難しい。

一方，主に麻酔がかかっていない覚醒状態のアカゲザルを対象に行われた微小電極法では，神経細胞の活動をリアルタイムに計測できるメリットがあるが，頭蓋骨に穴をあける必要があるため，もちろんヒトを対象に用いることはできない。

このような状況の中，1990 年に画期的な方法が提案される。それは細胞に酸素を運ぶヘモグロビンの動きに注目することで，脳活動を間接的に計測することを可能にした「BOLD 信号（blood oxygen level dependency）」の提唱である（Ogawa et al., 1990）。ニューロンの電気信号はミリ秒単位で処理されるが，少し遅れて細胞であるニューロンの活動に酸素が必要となるため，活動しているニューロンの周りは一時的に酸素をもったヘモグロビンが増加することになる。酸素と結合したヘモグロビンは，そうでないヘモグロビンとは磁気的な性質が異なるため，巨大な電磁石である MRI は，酸素をもったヘモグロビンの変化をとらえることができる。このヘモグロビンの変化をとらえ画像化する手法が fMRI である。fMRI は，ニューロン活動に伴う血の流れの時間的変化（functional）を，磁場の共鳴（magnetic resonance）を利用してとらえることで，脳のどの場所のニューロンが活動しているのかをミリ単位の正確さで画像化（imaging）することができる。

この技術が優れていたのは，日常的な人間の心の活動が，脳のどの場所と対応しているかを，非侵襲的に（つまり，身体を傷つけずに）計測できたという点である。

たとえば「顔を見る」という過程を考えてみよう。このとき，見えているものが顔であることがわかるまでには 0.2 秒以下で十分であることが，脳波を用いた研究から判明していたが，脳のどの場所が重要であるかはよくわかっていなかった。しかし 1997 年，N. カンウィッシャーは，顔認知には，側頭葉の下部である紡錘状回顔領域（FFA：fusiform face area）が重要であることを，

fMRI を用いて示したのである（Kanwisher et al., 1997）。この実験では，30 秒間顔画像を見せ続けたときの脳活動と，30 秒間家の画像を含むさまざまなものの画像を見せたときの脳活動を比較した。その結果，特別に顔認知に関連する脳部位が，FFA の名称とともにはじめて特定されたのである。

「顔がわかる」程度であれば驚かないかもしれないが，fMRI はさらに私たちの日常生活に入り込むようになる。

イギリスの脳科学者ゼキによる初期の研究では，質問紙などで選定した恋愛感情をもつ状態の人に，そのパートナーの顔を見せたときの脳活動を計測した。すると前帯状回や島（とう）皮質といった，脳のより皮質下に近い領域が活動していることが明らかとなった（Bartels & Zeki, 2000）。さらには，自分に対するよい評判には金銭を得る際と同じ「線条体」とよばれる皮質下の場所が活動するといった発見（Izuma et al., 2008），価値判断を行い意思決定していく購買行動を脳科学的に検討するニューロマーケティング（Ariely & Berns, 2010），美的感情を脳科学的に解明していく神経美学の提唱（Chatterjee & Vartanian, 2014）など，かつては実験室の外でしか扱われなかった私たちの心の世界が，fMRI という発明により脳科学の言葉で説明されるようになったのである。

もちろん，こうした説明が行き過ぎではないかとの批判もある（河野，2008）。何らかの心の働きに対して脳が活動する場所を見つけることが，すなわち科学的解明ではないことは本書でも説明してきたことである。ただ fMRI による画像化の技術は，脳科学を日常のものとし，21 世紀初頭の人間観に確実にインパクトを与えた発明であったことだけは指摘しておきたいと思う。

の心をつくりだしているという点だ。複雑な心も，すべて同じ部品でできているのである。

しかし，このニューロンの電気信号と心の状態が，完全に対応しているという考え（これを心身一元論とよぶ）に批判もある。私たちも日常にふと考え事にふけることで，いろんな場面やイメージを思い浮かべることもある。電気刺激はそのきっかけにすぎないのかもしれない。腕をつねられたら，昔親に叱られたことを思い出す人もいるだろう。脳を刺激されて，なんとなく昔の出来事を思い出しただけなのかもしれない。

心と脳，あるいは心とニューロンの電気信号が同一のものであるのかどうかという問題を「心脳問題」もしくは「心身問題」とよび，心や魂はこの電気信号を超えた存在であるとする立場の人を「心身二元論者」とよんだりもする。この「心脳問題」をどう考えるべきかについては，哲学，脳科学，論理学，ロボット工学などのさまざまな立場からの考察がある。ここでは，「心は電気信号である」という考えを強調して本章を閉じる。

**POINT**

- □ 1 現代の脳科学では，特定の場所にあるニューロン電気信号の活動こそが特定の心の状態に対応していると考えられている。
- □ 2 ニューロン活動を超えた魂のようなものを仮定する考え方は「心身二元論」とよばれ，電気信号と心は同一であるとする立場を「心身一元論」とよぶ。

## 引用・参考文献　Reference●


Aglioti, S., DeSouza, J. F. X. & Goodale, M. A. (1995) Size-contrast illusions deceive the eye but not the hand. *Current Biology*, 5, 679-685.

Ariely, D., & Berns, G. S. (2010) Neuromarketing: The hope and hype of neuroimaging in business. *Nature Reviews Neuroscience*, 11, 284-292.

Bartels, A., & Zeki, S. (2000) The neural basis of romantic love. *Neuroreport*, 11, 3829-3834.

Carter, R. (1998) *Mapping the Mind*. University of California Press.（カーター，R.／藤井留美訳〔1999〕『脳と心の地形図　思考・感情・意識の深淵に向かって』原書房）

Chatterjee, A., & Vartanian, O. (2014) Neuroaesthetics. *Trends in Cognitive Sciences*, 18, 370-375.

Izuma, K., Saito, D. N., & Sadato, N. (2008) Processing of social and monetary rewards in the human striatum. *Neuron*, 58, 284-294.

Kanwisher, N., McDermott, J., & Chun, M. M. (1997) The fusiform face area: A module in human extrastriate cortex specialized for face perception. *The Journal of Neuroscience*, 17, 4302-4311.

河野哲也（2008）『暴走する脳科学――哲学・倫理学からの批判的検討』光文社

Macmillan, M. (2000) Restoring Phineas Gage: A 150th retrospective. *Journal of the History of the Neurosciences: Basic and Clinical Perspectives*, 9, 46-66.

Ogawa, S., Lee, T. M., Kay, A. R., & Tank, D. W. (1990) Brain magnetic resonance imaging with contrast dependent on blood oxygenation. *Proceedings of the National Academy of Sciences*, 87, 9868-9872.

ペンフィールド，W.／塚田裕三・山河宏訳（1987）『脳と心の正体』法政大学出版局

山田規畝子（2004）『壊れた脳 生存する知』講談社

CHAPTER

第5章

# それぞれの人にそれぞれの心

## 個人差心理学

WHITEBOARD

Q. 心理テストは当たるのか？

A. 当たるテストをつくるのは難しい

**信頼性**：何回やっても同じ結果を得られるか？

**妥当性**：測りたいものを測れているか？

**性格の理論**

**類型論**：タイプで分ける

**特性論**：パラメータで記述

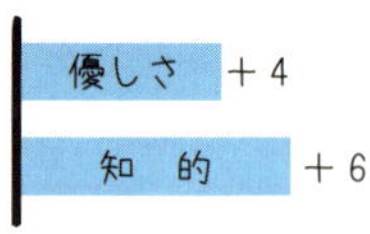


＊科学的根拠のない類型論に注意!!

・知能検査の種類

（ビネー式，ウェクスラー式など）

KEYWORDS

個人差　心理検査　逆転項目　信頼性　妥当性　内的妥当性　基準関連妥当性　構成概念妥当性　ミネソタ多面人格目録（MMPI）　性格　類型論　特性論　クレッチマー　シュプランガー　オルポート　ビッグ・ファイブ　知能検査　ビネー式知能検査　知能指数（IQ）　ウェクスラー式知能検査　K-ABC 心理・教育アセスメントバッテリー　カウフマン　質問紙法　投影法　YG テスト　ロールシャッハテスト　TAT　P-F スタディ

# 1　心理テストは当たるのか

十人十色という言葉は，人はみなそれぞれ違うことを表す慣用句である。優しい人もいれば意地悪な人もいる，几帳面な人もいればだらしない人もいる，頭がいい人も悪い人もいる。このような人による違い，個人差を調べるために心理学ではどのような方法があるだろうか。

直接「あなたは優しいですか？　意地悪ですか？」とたずねてみてもよいだろう。しかし，たいてい自分をよく見せようと思い，意地悪な人でも優しいと答える可能性もある。つまり嘘をつかれてしまうかもしれない。そこで，テストのような方法で測ることはできないか，と考えられたのが心理検査である。

## 心理検査をつくってみよう

心理検査は，一般に心理テストともよばれているようだ。しかし，心理テストと心理検査は大きく違う。心理テストは，その場で楽しく会話のネタにでもなればよい。だから誰だってつくってよいのだ。しかし心理学に裏打ちされた心理検査として認められるためには，ある条件をクリアしなくてはいけない。その条件とは「当たる」こと，つまり測りたいものを測れることである。そんなものは当然満たしているに違いないと思われがちだが，実はなかなか難しい。

たとえば，ある人がどれくらいキッチリしているかを調べるための「キッチリ度テスト」をつくるにはどのような手続きが必要か，考えてみよう。以下の

3つの質問項目に，はい／いいえの２件法で回答させれば，キッチリ度は調べられるだろうか。

① 部屋はいつも整理整頓されている？

② 友だちから借りた物は必ず返す？

③ 朝寝坊することはほとんどない？

まず質問項目の文章について考えてみよう。このテストに回答する人にとって文章がわかりやすいかを考える。どのようなテストであっても，質問に回答するためには，自分の普段の行動を振り返るに十分な内省力，自分を客観的にとらえる観察力などが必要になる。多くの大学生ならば，自分の部屋が整理されているかは簡単に判断できるだろうが，小学生ではその判断は意外に難しいだろう。さらに，小学生には質問項目①の「整理整頓」という表現は難しすぎるかもしれない。質問項目をつくった後は，回答者を想定して，わかりやすいか，誤解を生まない文章かを検討したほうがよい。

文章中にあいまいな言葉が含まれている場合も，不当に回答が歪んでしまうことがある。質問項目①の「いつも」とは，どれくらいの頻度だろうか。ある人は毎日を想定し，ある人は１週間のうち４日を想定してしまうかもしれない。質問項目③の「ほとんどない」とは，週に１日以下かもしれないし３日以下かもしれない。あいまいな言葉を使うことで，本質的ではない部分での誤差が生じることは避けなければならない。

さらに，上記の質問では回答が偏る可能性がある。つまり，項目①②を答えたところで，すぐに③にも○をつけてしまいがちではないだろうか。このような反応の偏りを防ぐために，③はわざと逆の問いかけ方をする**逆転項目**にするという手がある。こうすれば，１問ずつきちんと考えて回答しているかを確認することができるだろう。

以上のことを見直して，新しく文章をつくってみた。これでバッチリだろうか。

① 部屋は１週間のうち５日間は片付いている？

② 友だちから借りた物は必ず返す？

③ 朝寝坊することが週に２回以上ある？

残念ながら，まだまだバッチリにはほど遠い。文章をいくら練ったところで，心理検査に求められる次の２つの大きな要件を満たしていない。

## 心理検査をつくるのは難しい

心理検査に求められる１つ目の要件は，信頼性である。ある検査を同じ条件（参加者，体調，年齢等）で繰り返し行った場合に，毎回ほぼ同じ結果が得られることをいう。まったく同じ条件で検査を行うことは不可能だとしても，同じ参加者に対してたった１週間空いただけでまったく別の結果になったのでは，検査の意味をなさない。検査結果がある程度安定することが，結果を信頼するうえで必要なのである。信頼性を確認するための方法にはいくつかある。少し期間を空けて検査をもう一度行い結果の相関を見るという再検査法，質問項目を２つに分けて同じ内容の質問どうしでの相関を調べる折半法などがある。先ほどつくったキッチリ度テストの信頼性を確認したければ，質問項目が少なすぎるため折半法は難しいが，再検査法によって確認できるだろう。

２つ目の要件は，妥当性である。測ろうと思ったことを本当に測れていることをいう。妥当性には大きく分けて３つの側面がある。①内的妥当性：キッチリ度テストを行う場合には，他者に優しくできるかどうかを質問しても意味がない。質問項目の内容が測りたい概念や検討したい理論と関連していることが必要である。②基準関連妥当性：キッチリ度テストとよく似た「几帳面テスト」があれば，その結果と相関が高くなると期待できる。すでにある他の同じような検査の結果とこれからつくろうとしている検査結果との相関が高い場合，よい検査といえる（併存的妥当性）。また，キッチリ度テストをした後しばらくたってから，再度その人のキッチリ度を判断しようとする場合は，先に行ったキッチリ度テストの結果から，再テストの結果を予測できると期待できる。未来に起こりうる結果が，先に行った検査によって予測できた場合にも，よい検査といえる（予測的妥当性）。③構成概念妥当性：キッチリ度は，几帳面さ・真面目さと関連するだろうから，これらを質問する項目もテストに含まれるべきだろう。関連のある，より細かい特性に検査結果を結びつけることができれば，測りたいものを測れていると期待できる。今回つくってみたキッチリ度テストの妥当性を確認するとすれば，①内的妥当性と，③構成概念妥当性は問題がないように思われるが，②基準関連妥当性については，他の検査を参考にして検討する必要があるだろう。

実際に使われている心理検査の1つであるミネソタ多面人格目録（MMPI）では，真に測りたい臨床尺度8種のほかに，10もの妥当性尺度が含まれている。自分をよく見せようと嘘をついた場合に起こる回答の歪み（たとえば「生まれてから一度も他人の悪口を言ったことがない」に「はい」と答える等）の指標となるL尺度，無作為あるいは精神的問題によって，正常な成人では起こりにくい，まれな回答をしたかの指標となるF尺度などが含まれている。

**POINT**

- □ 1 心理検査には，信頼性と妥当性が求められる。
- □ 2 信頼性とは，同じ条件で行えば同じ結果が繰り返し得られるかどうかの指標。
- □ 3 妥当性とは，測りたいことを本当に測れているかどうかの指標。

## 2 性格ってなんだろう？

「あなたはどんな性格ですか」と聞かれれば，優しい，明るい，神経質，ひがみっぽい，などいろんな言葉が浮かんでくる。心理学では性格について考えるとき，それが人によって違うということを前提としていることを覚えておいてほしい。これまでに見てきた知覚心理学や神経心理学は，人間に“共通した”特徴を探っていた。しかし，人によって違って当たり前の性格に注目するのは，個人差を扱う個人差心理学，人格心理学（パーソナリティ心理学）である。

心理学で性格を記述するとき，類型論と特性論という2つの立場がある。類型論と特性論はそれぞれメリットとデメリットがあるため，どちらにも偏りすぎることなく使い分けることが肝要である。それぞれを詳しく見ていこう。

### 類 型 論

まず類型論とは，人間をいくつかのタイプに分ける考え方である。代表的なのは，E. クレッチマーの類型論であろう。**表 5.1** に示すような体型の人を見ると，それぞれの性格がなんとなく思い浮かばないだろうか。太った人はおお

CHART 表 5.1 クレッチマーの類型論：各疾患と体格

| | 統合失調症 5,233 例 | 躁うつ病 1,361 例 | てんかん 1,505 例 |
|---|---|---|---|
| 肥満型 | 13.7 | **64.6** | 5.5 |
| 闘士型 | 16.9 | 6.7 | **28.9** |
| 細長型 | **50.3** | 19.2 | 25.1 |
| 発育異常 | 10.5 | 1.1 | 29.5 |
| 不明 | 8.6 | 8.4 | 11.0 |

（注） 数値は％。
（出所） 今田ほか，1991 より作成。

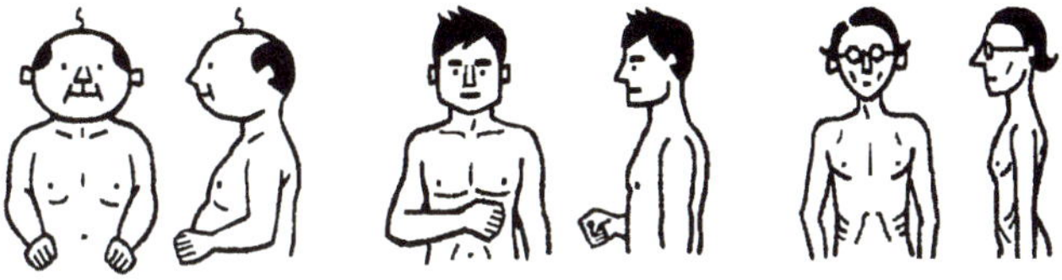


らかでのんびり屋，やせた人は神経質でもの静か，という発想をする人が多いのではないか。クレッチマーは精神医学の創始者ともいわれる人で，1921 年に『体型と性格』という本で，体型と気質が関係していることを指摘した。彼が診察した精神疾患の患者たちには，躁うつ病と統合失調症のそれぞれに特徴的な体型があり，躁うつ病は肥満型，統合失調症はやせ型（細長型）が多かったという。患者ではない健常者でも，病的ではないレベルの性格特徴を正常の範囲で有していることがあり，体型と性格に親和性があると主張した。さらにW. H. シェルドンはこの体型と性格の関係を量的に検討している。

類型論はほかにもあり，E. シュプランガーは，人生の中で何を一番大切だと思うかという価値観によって性格を分けることができると唱えた。シュプランガーの文化価値的類型説では人が価値を置くものを 6 カテゴリーに分け，それぞれを重視する性格を理論型，経済型，審美型，権力型，宗教型，社会型と名づけた。

シュプランガーの理論は私たちの人間関係における性格の一致，不一致をよく説明するかもしれない。友人どうしで出かける際，目的地までのルートを選択する場面を想定してみよう。時間はかかってもいいから少しでもお金を節約しようとする友人と，お金をかけてもいいから最短時間で行こうとする友人では意見が合わないだろう。お金を時間よりも大事にするかどうかは，価値観の問題である。しかし私たちは，お金を節約するという行動を見て，ケチだ，とか，堅実だ，とか性格の違いに帰結させたりしてしまう。離婚する夫婦が，その原因を「価値観の違い」といったり「性格の不一致」といったりするが，価値観が性格を決定しているとすれば，要は同じことをいっていることになる。

### 特性論

一方で特性論は，人間を「優しい」「神経質」「短気」などの特徴を組み合わせて表そうとする。しかも，「とても優しい」とか，「たまに優しいこともある」など，その程度の強さも含めて言い表そうとするため，性格を細かく記述することに向いている。

特性論の代表的なものにはG. W. オルポート，R. B. キャッテル，H. J. アイゼンクなどの理論が挙げられる。中でも最も歴史あるオルポートの理論では，まず多くの人が共通してもち，違う人どうしで比べることのできる特徴である共通特性と，さらに個人特有で人と比べられないような特徴である個人特性とに分けた。共通特性として，人の特性を表す言葉を辞書から1万7953語も選び出し，同じ意味をもつ言葉どうしを整理，分類した。その結果，外向的－内向的，支配的－服従的，など14の共通特性を挙げることができた。

ただし今，世界的に最も支持されているのは，1980年代に提唱されて以来研究が蓄積されている5因子モデルであろう。人の特徴を表す次元は主に5つあり，神経症傾向（Neuroticism），外向性（Extraversion），開放性（Openness），調和性（Agreeableness），誠実性（Conscientiousness）という，頭文字を集めるとOCEANとなる。これらをビッグ・ファイブとよぶ。もともとアメリカで開発された尺度ではあるが，日本でも同様の5因子があることが確認されている。近年では，この5因子に正直さ－謙虚さという因子を加えて整理しなおした6因子モデル（HEXACOモデル）が用いられることも多くなってきている。

### 類型論の盲信

人の性格をタイプ分けする科学的根拠のないアンケートや，血液型に基づく類型論を目にすることがある。類型論のメリットは性格の全体像が思い浮かべやすいことであるが，まだ会っていない人やよく知らない人をわかったように錯誤してしまうことがあるというデメリットにもなるため注意が必要である。

たとえばA型の人はきっちりしている，O型の人はおおらかでやさしい，など，血液型ごとに典型的な性格があるという幻想（血液型ステレオタイプ）をもち，血液型だけで他者の性格を推定してしまうことは血液型盲信と呼べるだろう。これは盲信であるとメディア等で繰り返し指摘されてもなかなか廃れない。その理由を，大村（1998）はFBI効果によって説明できるという。

F：Freesize　誰にでも当てはまりそうな性質を

B：laBeling　そうだろうと受け取ってそこにレッテル（ラベル）を貼り

I：Imprinting　そのまま自分の心に刷り込む

こうしたステレオタイプを盲信することの問題は，それをもとに偏見がつくられることにある。血液型盲信でいえば，たとえば日本人の血液型として多数派のA型よりも，少数派のAB型やB型に対し「二重人格である」「わがままでマイペースである」といった誤った先入観をもつことである。科学的根拠に基づかない性格分類は，一時の話のタネにはなるかもしれないが，偏見につながりかねないことを十分に理解してほしい。

## よい性格とは何か

では，よい性格とはどのようなものだろうか。「優しい」性格がいいと多くの人は思うかもしれないが，裏を返せば「優柔不断な」性格と評する人もいるだろう。一方で「つめたい」性格はよくないかもしれないが，裏を返せば「厳格な」性格で他者から信頼を集めるかもしれない。つまり「優しい」あるいは「つめたい」性格であっても，それをよいと感じるかは人それぞれに異なるため，いくら心理学をもってしてもよい性格を1つに決めることは難しい。

一方で，病的な性格は定義しやすい。まず，精神疾患を患っている状態の性格は，健康なときの性格とは大きく異なっている。たとえば先に述べたクレッチマーの類型論でいう，精神病質や躁うつ気質は，それ自体は健康な人の性格の一部にもあるだろう。しかし，思い込みが強すぎる，落ち込みやすすぎるといったように，日常生活に支障が出るほどに程度が強くなると，病的な性格といえる。こうした性格は生まれもったものであるというよりも，環境から受けるストレスによって後天的に形成されてきた可能性もある。ストレスが心の状態に及ぼす影響については第**10**章で詳しく述べる。

POINT

- □ 1 類型論は，性格をいくつかのタイプに分け，大まかにとらえようとする立場。
- □ 2 特性論は，いくつかの性格特徴を組み合わせて細かくとらえようとする立場。
- □ 3 ステレオタイプを盲信することは偏見につながりかねない。

## 3 知能は測定できるのか

「あの人は頭がいいね」といわれる人がいる。「頭がいい」とはどういうことだろうか。一般に頭がいいといわれる人の中には，計算が得意な人もいれば，いろいろなことをよく知っている人もいるだろう。複雑な判断を一瞬でしてしまうような人も，頭がいいとされるかもしれない。ひと言で「頭がいい」といっても，いろいろな側面を含んでいるようだ。それでは，人の知的な能力はどのようにして測定できるだろうか。ここでは，知能など心理的な特徴の個人差を調べるためのさまざまな方法を紹介する。

### 知能検査

現在使用されている知能検査ができる以前，F. ゴールトンやJ. キャッテルは，人間の能力の個人差に興味をもち，感覚の鋭さや握力，反応の速さなどを指標にして能力を測定しようとした。ただし，実際にはそれらの指標と学力との関連性は見られなかったようだ。

その後A. ビネーは，特別教育を必要とする児童を選別するためのテストの開発を依頼され，T. シモンの協力により1905年に世界初の知能検査を作成した。このビネー式知能検査では，年齢ごとに日常的な問題解決に関わる課題が設定されている。たとえば3歳児用の課題には，目，耳，口を指で指すことや，6音節の文章を繰り返すことなどを含む。その後，1908年版からは「精神年齢」を使用している。たとえば4歳2カ月（50カ月）の子どもが4歳8カ月

CHART 図 5.1 WISC-V の構成

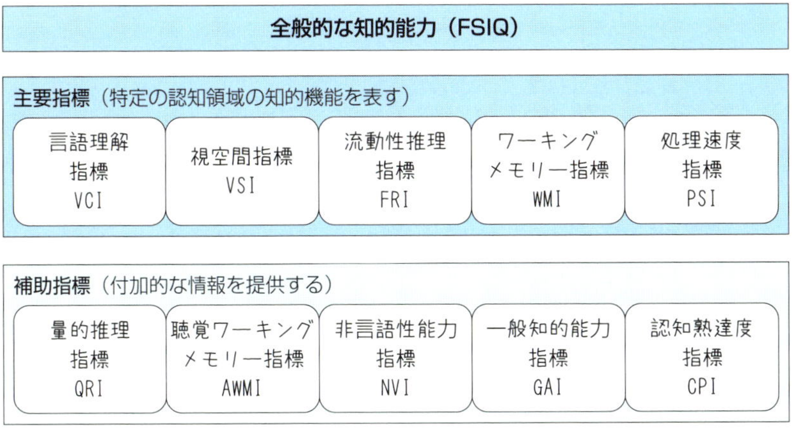


（出所） 日本文化科学社ホームページより作成。

（56 カ月）相当の項目に正答すれば，その子の精神年齢は 56 カ月となる。この検査は，同じ年齢でも発達の早さが異なるため，それぞれの児童にどのような教育をすればよいかという観点から，通常の教育が適当でない児童を選び出すことを意図している。その後，W. シュテルンにより**知能指数**（IQ）という言葉が提案された。ここでの知能指数は，知能指数＝精神年齢／暦年齢×100 の式で計算される。

現在日本で使用されているビネー式知能検査は「田中ビネー知能検査」という。118 項目の問題が 1 歳級から成人まで，難易度順に配列されている。全問に合格する年齢級から，全問に失敗する年齢級まで実施する。実際の年齢よりも知的発達が早ければ，IQ は 100 以上になる。ここでの IQ は知的発達の速度を示す。

その後，D. ウェクスラーは，ビネー式は成人を対象とした場合には正確な指標とならないと考え，**ウェクスラー式知能検査**（WISC（ウィスク），WAIS（ウェイス））を提案した。ビネー式とは異なり，年齢水準ごとの区分はない。児童向けの WISC-V（図 5.1）は 16 個の下位検査からなり，全般的な知能を表す FSIQ と，特定の認知領域の知的機能を表す 5 つの主要指標得点，子どもの認知能力や WISC-V の成績について付加的な情報を提供する 5 つの補助指標得点を算出する。なお，

CHART 図 5.2 WAIS-Ⅳの構成

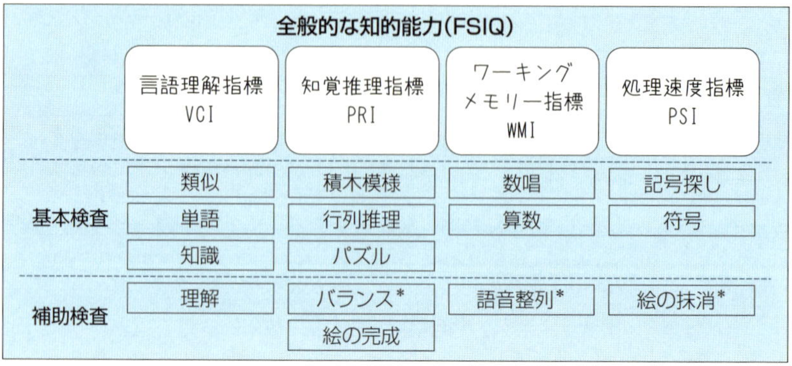


（＊16～69 歳のみ）

（出所） 日本文化科学社ホームページより作成。

前版である WISC-IV では知覚推理指標としていたものが，WISC-V では視空間指標と流動性推理指標の 2 つに置き換えられた。一方で，成人向けの WAIS-IV（図 5.2）は 15 個の下位検査からなり，全般的な知能を表す合成得点と，特定の認知領域の知的機能を表す 4 つの合成得点を算出する。ここでの IQ は，平均 100，標準偏差 15 となるようにつくられており，同年代の集団の中での相対的な知的水準を示す。

その他，K-ABC 心理・教育アセスメントバッテリーという検査もある。A. S. カウフマンらにより開発され，K-ABC-Ⅱは 20 の下位検査からなる。学習の影響を受けやすい習得尺度と，より学習の影響を受けにくい認知尺度に分かれる。認知処理能力だけでなく基礎的学力を個別式で測定できる検査であり，結果はカウフマンモデルまたは CHC モデルに従って解釈される。

このように，知的能力を測るためのさまざまな種類の検査がある。実際に検査を使用する際には，多くの場合，知的発達症（知的障害）が予想される子どもや大人に対して，複数の検査を組み合わせて実施し，IQ だけでなく評価点のばらつきなどあらゆる情報を考え合わせながら解釈する。

## 個人差の測定法

人間にはさまざまな面で個人差が見られる。たとえば休日に活動的に動き回るのが好きな人もいれば，家の中で本を読んでいるのが好きな人もいる。また，政治や対人関係，社会的なことがらなどに対する考え方にも個人差は現れる。そのような個人差を測定するための性格検査や態度尺度とよばれるものは数多く開発されている。性格を測る手法は，大きく分けると質問紙法，投影法，作業検査法などが挙げられる。ここでは，質問紙法と投影法について紹介する。

⑴ **質問紙法**　性格検査や態度尺度などは，質問紙法とよばれるアンケート形式で行われることが多い。たとえば，YG テスト（矢田部 - ギルフォード性格テスト）は抑うつ性や協調性など，12 個の心理的特徴についてのそれぞれ 10 項目ずつ，計 120 項目からなる質問紙であり，性格を細かい性格特性に分解して把握しようとするものである。

性格検査以外に，さまざまな心理的傾向（社会的態度，感情，行動傾向など）を測定するための心理検査が存在し，その種類は多岐にわたっている。たとえば自分にどれだけ意識を向けやすいか（自意識の高さ）の程度は，それを測るのにふさわしい項目をたくさん用意し，その点数で示すことができる。先に述べたように，心理検査を使用する際には，測ろうとする心理傾向の内容（概念）が明確であること，結果が安定していること（信頼性），測ろうとするものがきちんと測れていること（妥当性）が重要となる。

質問紙法は，実施や採点方法がマニュアル化されており，集団にも実施できるというメリットがあるが，注意すべき点もある。信頼性や妥当性が高いことが確認されているテストを使用しなければ，何を測定しているかわからなくなってしまう。また，項目が固定されているため，決められた質問への答え以上の情報が得られない。質問の意図が見抜かれやすいので，回答者が意識的・無意識的に回答を歪めてしまう可能性がある。もしかしたら防衛機制が働き，本当の自分の心の問題を隠してしまっているかもしれない。そこで，無意識的な傾向を取り出す方法として，投影法とよばれる方法も使用されている。

⑵ **投影法**　さまざまな意味をもつあいまいな絵などを見せ，それに対する反応から，回答者の心の状態や性格を明らかにしようとする。投影法の利点は，テストの意図が見抜かれにくいことや，1 つのテストで性格だけでなく知的能力や精神症状など幅広い情報を得られる点にある。ただし，実施する際には検査者の能力や経験が重要になる。

代表的なものとしては，以下の３種類の手法がある。

① ロールシャッハテスト：10枚のインクのしみを見せて，何に見えるか答えてもらう。回答について，反応内容（何を見たか），反応領域（どこを見たか），反応決定因（絵のどんな属性からそう見たか）といった観点から整理し，性格を解釈する。広く用いられているが，実際は根拠がないという批判もある。

② TAT（主題統覚テスト）：あいまいな場面の絵を見せて，自由に物語をつくってもらい，その人の欲求のあり方や環境への適応の仕方を分類する。

③ P-F スタディ（絵画欲求不満テスト）：欲求不満状況に対する反応のタイプから，パーソナリティ傾向を把握しようとする。

**POINT**

- □ 1 ウェクスラー式，ビネー式など知的能力を測定するためのさまざまな検査があり，いくつかを組み合わせて実施することが多い。
- □ 2 個人差を測定するための手法として，質問紙法や投影法などがある。

## 引用・参考文献　Reference ●


今田寛・賀集寛・宮田洋編（1991）『心理学の基礎』改訂版，培風館

Kretschmer, E.（1955）*Körperbau und Charakter: Untersuchungen zum Konstitutionsproblem und zur Lehre von den Temperamenten.* Springer.

大村政男（1998）『新訂 血液型と性格』福村出版

辻平治郎・藤島寛・辻斉・夏野良司・向山泰代・山田尚子・森田義宏・秦一士（1997）「パーソナリティの特性論と５因子モデル――特性の概念，構造，および測定」『心理学評論』40，239-259.

第 2 部

# さまざまな心のメカニズム

PART 2

CHAPTER

第6章

# 心は機械で置き換えられるのか

## 認知心理学

WHITEBOARD

認知心理学では人間をコンピュータに喩える
（記憶の事例：長期記憶ーHDD　短期記憶ーメモリ）

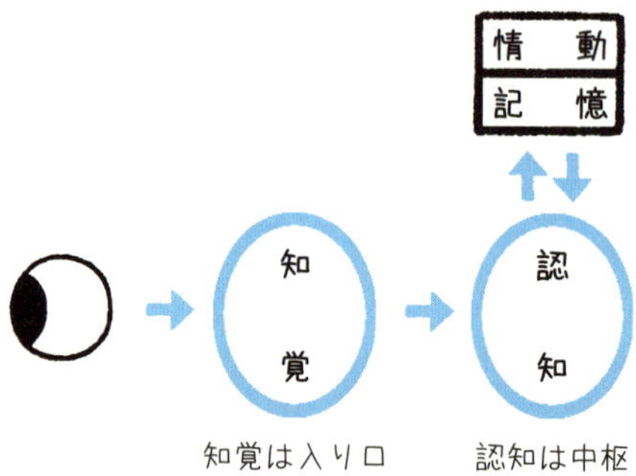


「認知の仕組み（アーキテクチャ）を探る」

反応時間から探る
- 直列処理 ←時間がかかる
- 並列処理 ←短い時間で見つかる

画像の違いに気づくか？
- トップダウン処理
- ボトムアップ処理

KEYWORDS

情報処理過程　認知科学　反応時間　視覚探索課題　直列処理　並列処理　刺激間間隔　ボトムアップ処理　トップダウン処理　注意　知識　記憶　記銘　保持　想起　符号化　貯蔵　検索　長期記憶　短期記憶　手続的記憶　宣言的記憶　感覚記憶　作業記憶（ワーキングメモリ）　海馬　鏡映像描写　ロフタス　フラッシュバルブ記憶

# 1 認知心理学のターゲット

## 知覚は入り口，認知は真ん中

知覚心理学（⇨第**1**章）が心の入り口を扱う心理学だとすると，認知心理学は心の中に入ったその後を扱うということになる。末梢と中枢という言葉で分類するなら，知覚心理学は末梢を扱い，認知心理学は中枢を扱う。具体的にいえば，意識，注意，記憶，といった領域が，認知心理学の対象である。

知覚心理学のように心の入り口を対象にすると，客観的な物の世界と主観的な心の世界の対応関係に関心が向くことになるが，心の中を対象にする認知心理学では，知識や記憶といった主観的な世界が，心の中でどういう形で表現されどこに保持されているのか，といったことが問題となる。そこでは，何かを知っているとはどういう状態なのか，気がつかない状態と気づいている状態は何が違うのか，といったことが具体的なテーマとなる。こうした問題は，古くはプラトンの哲学（たとえば「メノンの問い」）をベースに思考心理学などの名前のもと検討されてきたが，20世紀後半になると，コンピュータという機械の発明と普及により，意識，注意，記憶といったテーマが，情報科学や数学などの道具だてで考えられるようになった。

## 行動主義と認知心理学

認知心理学は，歴史的には行動の科学である学習心理学（⇨第**2**章）に対する批判として登場したという経緯がある。この背後には，分野間の論争という側面はあったが，結果として認知心理学を特徴づけることにも役立った。

学習心理学の背後にある行動主義という考え方が,「行動」という外側の目に見えるものを観測することに特化したのに対し,認知心理学では,実体のない心というものを,情報処理過程と同一視できると考えたのである。この発想のベースには,「アウトプットとして出てくる行動が同じであるものをつくることさえできれば,その行動の仕組みを理解できたとする」という認知科学の発想がある。たとえば会話を理解するには,会話を行うコンピュータプログラムをつくればよい。もし同じ条件で与えられる質問に対し,人間とコンピュータが同じ答えを返すのであれば,そのプログラムをつくった人は会話を「理解している」と考えようという提案である。認知心理学は,こうした「つくる」ことをめざした認知科学の発想に基づく心理学分野なのである。

### 認知心理学はコンピュータアナロジー

認知心理学の発想をひと言でいうと,「人間の心の活動をコンピュータに喩えてみる学問」ということができる。たとえばコンピュータにはマウスやキーボードといった入力装置のほかに,カメラやマイクといった装置もついていることがある。出力装置としては,モニターやプリンター,あるいはスピーカーといったものがあるだろう。コンピュータとは,入力装置から取り込まれた情報をもとに内部で処理を行い,モニターといった装置に情報を出力する機械である,ということもできる。同じように,人間も耳や目から取り込まれた情報をもとに脳などの中枢で情報処理したのち,口や手といった「装置」から外部へと情報を出力している,ととらえてみるのである。たとえば似たような入力情報であるのに,一方のものは非常に素早く出力が返ってくるのに他方ではたいへん時間がかかるとする。すると,前者と後者では,どこかで処理のやり方が違うということになる。このように入力と出力の関係を比較検討することが,認知心理学の方法論となる。

**POINT**

- □ 1 知覚心理学は心の入り口である末梢を扱うが,認知心理学は心の中枢を扱う。
- □ 2 認知心理学のベースには,「つくる」ことで仕組みの理解をめざす認知科学の考え方がある。
- □ 3 認知心理学は,心をコンピュータの情報処理過程になぞらえて考える。

# 2 認知心理学の方法

認知心理学では，心の中枢を扱う。たとえば，目の前にあるものはほとんど同じであるにもかかわらず，探しているものに気づくこともあれば見落とすこともある。この「気づき」の過程は，認知心理学が扱う領域となる。以下は，見えているものに気がついたり気がつかなかったりする過程を扱った認知心理学の代表的な２つの実験を紹介し，認知心理学の方法論を学ぶとともに，キーワードを学んでいく。

## 視覚探索課題――反応時間と情報処理

処理にかかる時間のことを，認知心理学では反応時間（reaction time）とよび，この指標から人間の情報処理のやり方についてさまざまなことを明らかにしてきた。ここでは代表的な研究として，いわゆる視覚探索課題（visual search task）について説明していこう。

視覚探索課題とは，A. トリーズマンが報告した一連の実験で，簡単にいえば多くの図形の中から目標とする図形が一目で見つけられるかどうか，を調べる実験だと考えればよいだろう。**図 6. 1** は，数多くの「O」の中から「C」を探すという典型的な視覚探索課題の視覚刺激である。見ていただければわかるように，たくさんある「O」の中から「C」を簡単に見つけることができるだろう。重要なのは，逆に「C」の中から「O」を探そうとすると，とたんに発見が難しくなるという点だ。**図 6. 1**（target C の図）と**図 6. 2**（target O の図）を比べてみればわかるだろう。明らかに前者（**図 6. 1**）のほうが簡単に発見できるのではないか。その直感の通り，この２つの図で目標（target）を発見するまでの反応時間を測定すると，前者の時間が短いことがわかっている。

この反応時間の違いは直列処理と並列処理という処理の仕方の違いによるものであると説明することができる。つまり，**図 6. 2** のような場合，目標とする「O」を探すには１つひとつの図形を見て「O か C か」の処理行っているので時間がかかる。一方，**図 6. 1** のような課題であれば，たいへん不思議なこ

CHART 図 6.1　target C の図

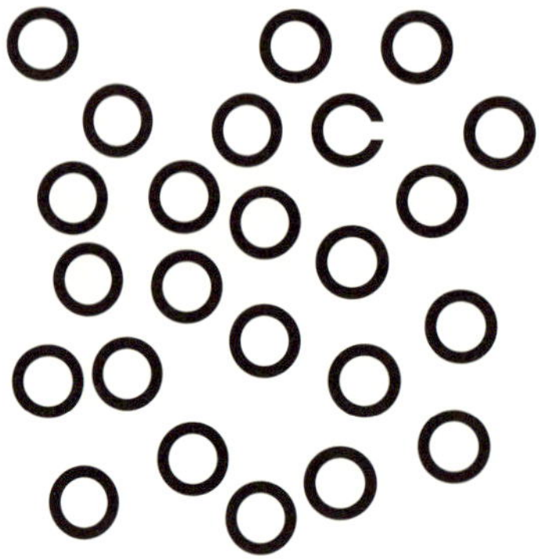

「C を探せ」

CHART 図 6.2　target O の図

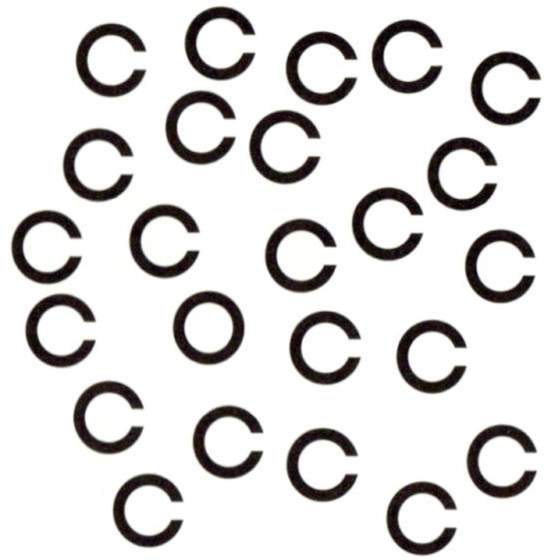

「O を探せ」

CHART 図 6.3　反応時間から仕組み（アーキテクチャ）を探る

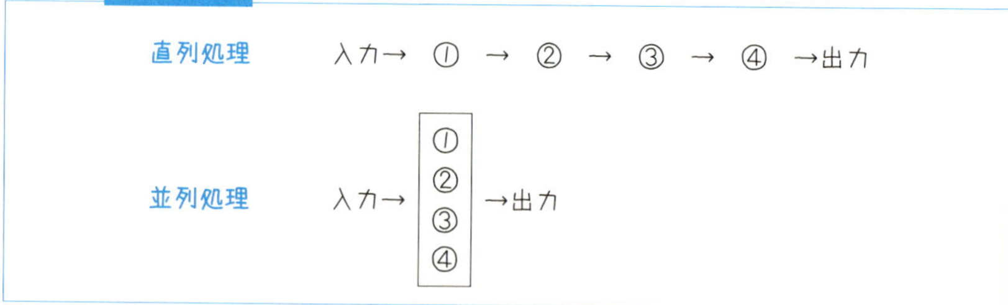


とに，一度に全部の図形を処理できるのである（**図 6. 3**）。

なぜ同じ「O」と「C」の組み合わせを使っているのに，背景になる図形と目標となる図形を入れ替えるだけで，探す時間に違いが生まれてくるのだろうか。この時間の違いから何がわかるだろうか。

このように，「目標」（target）と「背景」を入れ替えることで処理の仕方が変化するような組み合わせは，「O」と「C」以外にもいろいろとある。「傾いた線」と「垂直線」とか「色」と「白黒」などの組も，同じように前者を探すほうが後者を探すよりも簡単な組み合わせだ。トリーズマンによれば，こうした発見しやすい図形は「特徴」（feature）をもっており，人間がうまく生きていくうえで，こうした特徴を見つけることが，何らかの意味で適応的だったからと考えられるということである。たとえば，たくさんの「動いているもの」

CHART 図 6.4 change blindness 画像

の中に1つだけ「止まっているもの」を発見するのは困難であるが，1つだけ「動いているもの」を発見するのは容易である。これなどは，森の中で生きている動物を発見する場面などを考えればわかりやすいだろう。現代における日常的な場面でも，「特徴」の考え方が応用されている。たとえば交通標識のデザインは，色や形が一目でわかるよう設計されている。また，企業広告の看板やデザインなどにも，視覚探索の「特徴」の考え方が活用されている。

特徴は1つだけであれば目立つ（ポップアウトとよばれる）ので視野を見渡して瞬時に発見することができるが，特徴が複数になると1つひとつ処理していかねばならないので時間がかかることになる。また，特徴をもたない図形は背景として無視することができるので，数が増えても特徴を見つけ出す時間に変化はない。このように，頭の中で図形がどのように情報処理されているかを，反応時間という指標から推測していくのである。これが認知心理学の典型的な考え方である。

## change blindness ——トップダウンとボトムアップ

先に述べたように，認知心理学の1つの目標は，「気がつく」という現象について明らかにすることにある。R. A. レンシンクによる change blindness は，その典型的な実験手法だろう。日本では，テレビ番組などで「アハ体験画像」

としてよく流されているので見たことがある方もいるかもしれない。この画像呈示方法，すなわち，ある画像とほとんど同じであるが一部を改変した画像を用意し，この2枚の画像の間にある一定の空白の時間を挟み込む形で連続的に呈示するのである。この空白の時間を，専門的には刺激間間隔（ISI: inter stimulus interval）とよぶ。

まずは実験していただこう。ゆっくりとページをめくりながら**図6.4**と**図6.5**を比べてもらいたい。画像のどこかが変化しているのに気づいただろうか。

さて，この2つの画像を素早く切り替えながら見てみるとどうなるだろう。103ページの端をもち，素早く次ページを開いたり閉じたりするのである。すると，画像の中で窓の部分が変化していることに気づくだろう。実は，ISIが一定の時間以下になると，知覚機能が働き，2枚の画像の差分に自動的に気づくことができるようになるのだ。このISIの値は，少なくとも100ミリ秒（0.1秒）以下であることが必要なようだ。20〜30ミリ秒（0.02〜0.03秒）程度だと確実に見えるだろう。

さて，このようにして2つの画像は窓があるかないかという点に関して異なっていることをあなたは今認知した。では，もう一度，この認知をもちながら，先ほどと同じ（違いに気がつかなかったゆっくりとした）速度で2つのページを行ったり来たりしてみよう。すると，今度は2つの画像の違いに簡単に気づくことができる。そんなことは「すでに知っている」のだから当たり前だと思われるだろうか。しかしよく考えてみてほしい，気がつかなかった先ほどと，気がついている今とで，目に映っている画像情報はまったく同じなのである。違うのは，頭の中にある知識という情報だけだ。知っているというだけで，ものの見え方がまったく違っているのは，とても不思議なことではないだろうか。

認知心理学では，外の世界から入ってきた入力情報に基づく処理をボトムアップ処理とよぶ。これに対して，知識など頭の中にある情報に基づいた処理を，トップダウン処理とよんで区別している（**図6.6**）。今回のchange blindness画像では，当初はボトムアップ処理のみだったものが，いったん違いに気がついたあと，注意が払われトップダウン処理が加わることで，見え方が変化したということができるだろう。認知心理学では，「気がつくかどうか」ということを，情報処理のやり方の違いによって説明していくことになる。

CHART 図6.5 どこが変化しているだろうか

CHART 図6.6 2種類の処理の仕方

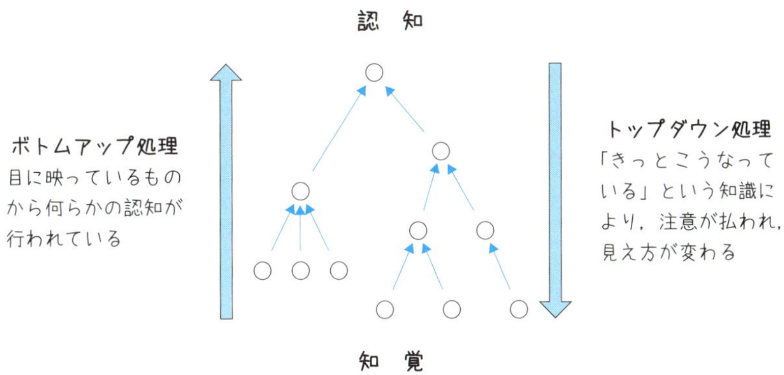
認 知
ボトムアップ処理
目に映っているものから何らかの認知が行われている
トップダウン処理
「きっとこうなっている」という知識により，注意が払われ，見え方が変わる
知 覚

知覚は主にトップダウン処理を必要としないものを扱う。知覚は無意識的で自動的で強制的でもある。先のポップアウトする図形も，知覚的な過程ということができる。一方，知識に基づき，画像のどこかに注意を払うと，見えなかった違いが見えてくる。しかし，そのためには「注意する」という意識的な処理が必要となってくる。これは，先の視覚探索課題でいえば，1つひとつの図形に注意を払わなければ，目標とする図形を発見できなかったことと似ている。認知心理学では，この「注意」とよばれる働きを解明することも，大きな役割

となっている。

POINT

□ 1 反応時間は認知心理学でよく用いられる指標である。反応時間の長さから，人間がどのようなやり方で情報処理しているのかを推定することができる。

□ 2 認知心理学では，入力情報に基づく「ボトムアップ処理」と，知識など頭の中にある情報に基づいた「トップダウン処理」の双方を考慮に入れる。

□ 3 トップダウン処理が加わることで，目に映るものは同じであってもまったく違うものが見えてくることがある。

# 3 記憶はどこに存在しているのか

## 記憶と情報処理

知識には，現在の自分の思考から生み出されたものもあるが，過去の自分の体験や学習によって獲得した記憶とよばれるものもある。たとえば私たちは，数学の定理や自然の法則などについて，何かを知っていたり思い出したりする。あるいは過去の出来事や体験を，さまざまな感情を伴って思い出すこともある。こうして主観の中に生じる世界は，外の出来事をもとにしているとはいえ，心の中に生まれ消えていくという意味で，認知心理学の得意分野ということになる。では，これらの知識や記憶は，心のどこにどのような形で存在しているのだろうか。

実は，記憶研究の用語と考え方は，人間をコンピュータのアナロジーで考えようとする認知心理学の１つの典型でもある。たとえば，人間の記憶には大まかにいって，長い時間がたっても消えない長期記憶と瞬間的に消えていく短期記憶があるが，これはもともとは，当時のコンピュータに付属していた装置に由来する言葉である。

認知心理学では，記憶過程を，記銘，保持，想起という３つの段階でとらえる。外部の出来事を，内部で取り扱えるように記銘（encoding）し，さまざまな形で保持（storage）したのち，必要なときに想起（retrieval）され，呼び出される，という具合に説明される。この３つの用語は，いずれもコンピュータが，画像や音声といった外部のアナログな情報を，内部で処理できるデジタルな情報へ変換し（符号化：encoding），メモリやCPUで処理したのちに，ハードディスクに記録し（貯蔵：storage），適切なタイミングで必要な情報をハードディスクから取り出す（検索：retrieval），という作業そのものに対応している。ただ記憶が脳の中で，ハードディスクに蓄えられているのとまったく同じように，フォルダやディレクトリの形で蓄えられているかどうかはよくわかっていない。しかし，コンピュータに見立てて記憶を考えてみたときに，たとえば貯蔵は脳のどこでどのような形でなされているのか，と考えるのが認知心理学の考え方なのである。

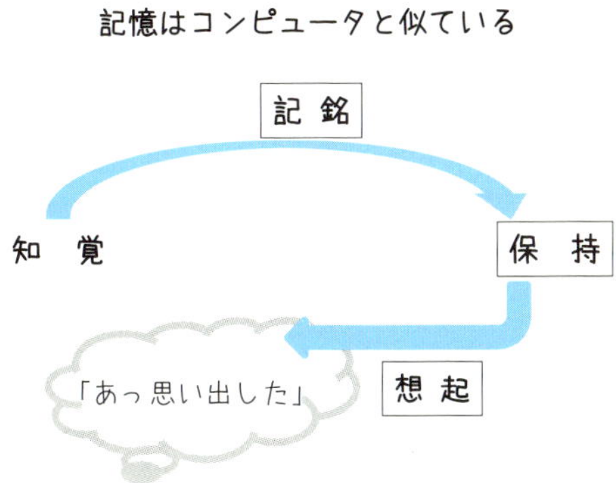


## 記憶の分類

記憶研究の分野では，先に述べたように，記憶をまず長期記憶と短期記憶に分類する。長期記憶は，道具の使い方や車や自転車の運転方法などの手続的記憶と，言葉や記号で表現可能な宣言的記憶の２つに分類される。さらに宣言的記憶のうち，言葉の意味や知識などの意味記憶と，特定の日時と場所で起こった出来事のエピソード記憶，を分けて考えることになる。これらの分類は，記憶の種類が違うだけでなく，おそらく貯蔵の方法が異なっている可能性が高いので，分けて取り扱うのである。短期記憶も，短時間で消えていく視聴覚的な情報である感覚記憶や，料理のつくり方やトランプを使ったゲームのルールなど複雑な手順を実行していくために必要な作業記憶（working memory：ワーキングメモリ）など，いくつも分類が提案されているが，これらも，カメラやマイクに付属しているメモリや，CPUに内蔵されているメモリのアナロジーととらえることもできるだろう。

この分類に関する脳科学的な証拠もある。その代表が，脳の一部を損傷した結果，記憶に支障をきたしたH. M.とよばれる患者の事例だろう。

## 脳損傷患者 H. M. の事例

H. M. はてんかんの治療を目的とした手術により，側頭葉の内側部，特に海馬（かいば）とよばれる記憶に深く関わる部分を，左右両側とも切除されていた。その結果，ひと言でいえば，新しい出来事をほとんど覚えることができなくなったのである。たとえば彼は，25 歳のときの自分のことは記憶しているが，それ以降の自分も含めて，手術したことさえ忘れているのだという。したがって，手術以降，鏡を見るたびに，自分の姿に驚き失望するということになる。しかも数分後には，鏡を見てショックを受けたというエピソードそのものを忘れてしまうのである。

また，医者も毎回「初対面」ということになるし，友人たちとの会話も，毎回が「新しいもの」ということになる。したがって，ある冗談で笑った数十分後に，再び同じ冗談で笑う，ということも報告されている。彼は，数分以内の出来事であれば正確に憶えていることはできるが，数十分の出来事は記憶できなかったのである。つまり彼は，短期記憶を長期記憶へと変換することができない。ここから 1 つわかることは，長期記憶と短期記憶はまったく別のものであり，エピソード記憶や意味記憶は，すべて短期記憶を変換することにより成立しているのだ，ということである。手術後の彼は，手術前のある時点までの長期記憶をもったまま，永遠に記録されることのない「今」を生きていた，ということができるだろう。ちなみに彼は，神経科学／心理学に対する多大なる貢献を果たしながら，2008 年に 82 歳で亡くなっている。その後本名も公表され，記憶研究に多大な貢献をしたとして，記憶とは何かを問うすべての人々にその名を記憶されることとなった。

彼は，今起こっている新しいエピソードを覚えることはできなかったが，不思議なことに，手続的な記憶に関しては，手術後も新たに学習できたのである。たとえば，鏡映像描写★とよばれる知覚運動課題を，彼は学習することができた。

note

★ 鏡映像描写とは，自分の手元が写っている左右が反転している鏡の映像を見ながら，指定された形をなぞるという課題である。通常であれば，自分の手元を見ながらであれば簡単なはずのこの課題も，鏡という左右が反転している映像を見ながらであると，慣れないせいか，急に難しい課題となる。しかし，徐々にこの状況に慣れ学習していくことで，この課題もこなせるようになっていくことが知られている。

新しいエピソードは記憶することができないのに，新しい手続きはなぜ記憶できたのであろうか。それは，簡単にいえば，長期記憶の中でも，エピソード記憶などの宣言的記憶と技術などの手続的記憶が，情報処理メカニズムとしても，処理が行われる脳の場所としても，まったく異なったものであった，という事実で説明がつく。宣言的記憶も手続的記憶も，まず短期記憶を長期記憶に変換することで貯蔵される。しかし，宣言的記憶がつくられる際には，H. M. が損傷を受けた海馬とよばれる脳の部分が関係しているため，この記憶を新しくつくることができなくなったのであろう。一方，手続的記憶は，この過程とはまったく別のルートで処理されていると考えられる。こうした H. M. の記憶に関する報告は，記憶が脳の中で，どのような種類に分けられて，どのような手順で処理されているのか，という点を明らかにしている。手順，すなわち「情報処理のアルゴリズム」を考えることは，認知心理学の最大の目的であるが，H. M. という患者は，記憶が保持されるアルゴリズムについて，多くの知見を与えてくれる。

## 記憶は「水に溶けたミルクのようなもの」？

ある日ある時間に誰に何をいわれたのか。それはどのような場所で，そのとき誰がいたのか。そのときどのような感情状態にあったのか。これはいわゆるエピソード記憶とよばれる長期記憶である。過去のエピソードを自由に思い出すことができるということは，脳のどこかにその場面や会話の情報が蓄えられていることを意味している。では，それはどこにどのような状態で保持されているのだろうか。

1つの考え方は，エピソードがハードディスクの中の写真や動画ファイルのような形で保存されており，複数のファイルがフォルダの中に入っているようにエピソードごとにまとめられている，というものだろう。もう1つの考え方として，より分散された形で記憶が保存されているという考え方もある。たとえば人が話をしている場面や広場や公園などの具体的ではあるが特定の場所ではない記憶を数多く用意しておき，その組み合わせを変えることで，エピソードを構成しているのかもしれない。

認知心理学者の E. F. ロフタスによれば，記憶とは図書館の本のようなもの

記憶は水に溶けたミルクのようなもの？

ではなく，水に溶けたミルクのようなものである，とのことである。つまり，記憶はフォルダの中のファイルのようにきれいに整理されているのではなく，脳の中にバラバラの断片として存在しており，思い出そうとするたびに，その断片を再構成することで，つくられているとのことである。ロフタスはこの観点から，目撃者証言が事後に与えられる情報により簡単に変化してしまうということを実験的に示した。実験参加者に自動車事故のビデオ画像を見せた後，画像には存在しなかった「小屋」を質問項目に入れて「小屋を過ぎたとき車はどの程度のスピードでしたか」と問うことで，実際には存在しなかった小屋があったと証言する人が多数出現したのである。実際に目撃しなかった「小屋」が，再構成の際に入り込むことで「偽りの記憶」がつくられた，と考えることができるだろう。

## 記憶のアルゴリズム

H. M. の事例，ロフタスの目撃者証言の例，発達障害者の視覚記憶の例（⇨Column ❾）を合わせて考えると，記憶がつくられる手順，すなわち記憶の記銘と貯蔵が行われるアルゴリズムについて，簡単な説明ができるだろう。H. M. の事例を考えれば，海馬を中心とする側頭葉の一部に，短期記憶を長期記憶へと変換する何らかの仕組みがあることになる。ここでは，記憶すべきものとそうでないものをより分け，また記憶すべきものを集めてまとめる作業も行われる。こうして具体的なエピソードからより一般的な意味記憶がつくられることになる。また，この仕組みが異常な状態になると，場合によっては見たものをすべて正確に記憶することもできる。さらに，強い感情やショックなど，緊急事態の際には，特に「より分ける」作業が行われず，直接出来事が記憶されることもあるらしい。

記憶されたものは，脳のどこかにいくつかの断片として記録されているのだ

## Column ⑨　フラッシュバルブ記憶と発達障害者の視覚記憶

断片化されない生の出来事がそのまま記憶されているような例もある。その1つがフラッシュバルブ記憶とよばれる記憶だ。強い感情的な体験を伴った出来事は，その一部始終を正確に記憶していることがある。東日本大震災など，災害時にどこに誰といたかを正確に思い出せる人も多いのではないだろうか。あるいは個人的な出来事についても，強いショックを伴う出来事であれば，まるで映像を録画するかのように記憶されることがある。事故の場面や暴力的な場面の目撃事例などをまるでコマ送りのように詳細に記憶しているとの主張がなされることもある。

より衝撃的なのは，特殊な能力をもつ自閉症の人が見せる視覚的な記憶の例である。自閉症と診断されているイギリス人のS. ウィルシャー氏は，ビルの屋上から数分間風景を眺めるだけで，そのとき見た映像を正確に記憶することができるので，そののち数日間部屋に閉じこもって記憶した映像を風景画として描くというパフォーマンスをテレビなどで公開している。カメラに記録した映像と，描かれた絵とは，その角度から見えていた窓の数まで一致していたので，まるでハードディスクに画像を記録するように風景を記憶していたと考え

S. ウィルシャー氏は一度見た風景を視覚像として写真のように記憶し，後でその記憶をもとに，何日もかけて絵を描くことができる。ここではヘリコプターから見たロンドンの街並みが再現されている。

（出所）　https://www.stephenwiltshire.co.uk

られる。
　また，日本の自閉症研究者が報告しているものとして，言葉もほとんど発することができない重い自閉症者が，16 歳頃になり，10 年以上前のあるありふれた 1 日を，朝から 24 時間，見たままの出来事として正確に絵にしていった，という事例がある。絵は，1 枚 10 分程度の短い時間で描かれ，当初は毎日，その後は数週間で数枚と，徐々にペースが落ちていったが，不思議なことに彼は，数年かけてその 1 日を出来事の時間順序にそって描き続けたのだという。
　このような特殊事例は，記憶について何を示唆しているだろうか。それは，人間の目や耳から入ってくる情報は，条件さえそろえば，そのすべてをビデオカメラのように記憶することも可能である，ということだろう。多くの人がそうなっていないのは，おそらく短期記憶から長期記憶を構成する際に，そのほとんどを捨て去り，後の生活に役立つような意味のあるものを保持するために，できるだけ少ない情報へと断片化してまとめているからだろうと考えられる。ビルの屋上から街を眺めるたびに，その窓の数まで憶えていても，後の生活の役に立ちそうもないだろう。記憶とは忘れることでつくられているともいえる。

ろう。第 **4** 章 **Column ⑦** で紹介した，側頭葉を電気刺激した際に体験される「誰かが話しているのが聞こえました」といったイメージは，そうした記憶の断片の 1 つひとつなのかもしれない。そして，具体的なエピソードの記憶も，さらには知識といった一般的な記憶も，こうした断片を集めたものとして構成されているのかもしれない。
　DNA の発見でノーベル賞も受賞した F. クリックは，睡眠中に見る夢とは，日中に体験されたエピソードの断片を整理し，組み合わせたり消去したりする作業の過程が体験されているのではないか，との仮説を呈示している。この考え方は，精神分析の創始者である S. フロイトにはじまり，人工知能研究で著名な M. ミンスキーなどにも継承されている。現在のところ，記憶がどのような情報の形で貯蔵されているのかは，まだまだ明らかになっていないが，もしそれが明らかになれば，「記憶チップ」を脳に差し込むだけで記憶を増設したり，逆に忘れたい記憶を人工的に消すこともできるようになるのかもしれない。実際，最新の脳科学の分野では，マウスを対象にした実験ではあるが，海馬を人工的なチップで置き換えようとする実験もはじまっている。認知心理学が人間をコンピュータに喩えるのは，単なる比喩を超えて，究極的には人間の心を人工的に操作しようとすることにもつながっているのである。

POINT

- □ 1　記憶には長期記憶や短期記憶など，さまざまな種類のものがあるが，こうした分類の基礎には，心をコンピュータに喩える認知心理学の考え方がある。
- □ 2　記憶は図書館の本のように分類され整理されて保存されているのではなく，むしろ「水に溶けたミルク」のように，断片化されバラバラに保存されていると考えられている。

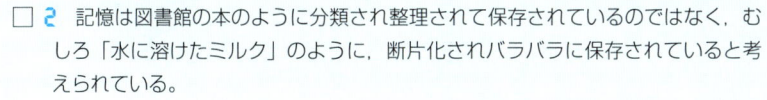

### Column ⑩　注意が及ぶ範囲――空間と時間

認知心理学では，伝統的に画像の呈示の方法を工夫しながら，さまざまな実験課題が考案されてきた。中でも多くの人が用い，その課題をベースに多様なバリエーションが考えられてきた「認知心理学の定番」ともいえる課題がいくつか存在する。ここでは 2 つの著名な実験パラダイムを紹介することにしよう。

**ポズナー課題――空間的注意**

この課題は，当時オレゴン大学の認知心理学者であった M. ポズナーが 1980 年に発表した実験方法である（Posner, 1980）。後に「ポズナー課題」と呼ばれるようになるこの課題は，そのシンプルさとそれゆえに生み出すことができるバリエーションの多さから，1 万 3000 篇以上もの論文で引用され，心理学において最も影響力のある論文の 1 つとなっている。ここでは，オリジナルの論文に基づいて，ポズナーが行った実験を紹介することにしよう。

この課題のポイントは，「目を動かさない状態」で，左右どちらかの周辺視野に呈示されたターゲットに対して「1 つのキーをできるだけ速く押す」という点である（図 **6.7**）。オリジナル論文では，眼球の動きを電気的に測定し，しっかりと真ん中のクロス（＋）を注視し続けていることが確認されているが，現在では「注視点を見続けてください」といった教示のみで済ませることも多い。

この課題のままであれば，キー押しまでの反応時間は，ターゲットが右側に現れようが左側に現れようが，基本的には同じ時間になると考えられる。では，実験参加者が視野の中心で注視しているものが，クロス（＋）ではなく，右もしくは左を向いた矢印（「→」もしくは「←」）だった場合を考えてみよう。もし画面の中央に出ている「右側を向いた矢印」を注視している状態で右側にタ

CHART 図 6.7 Posner（1980）で用いられた課題の基本型

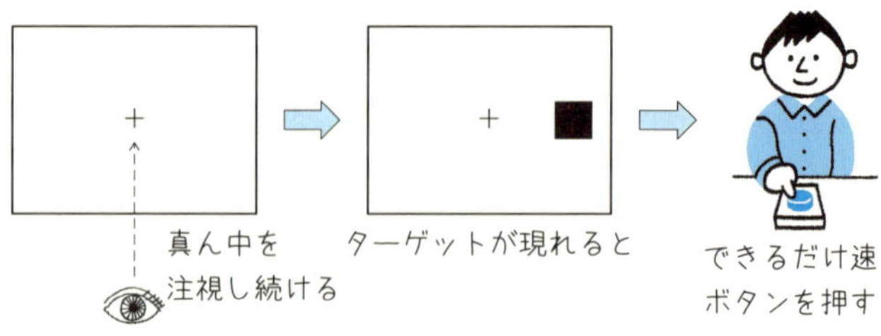


CHART 図 6.8 Posner（1980）の手がかりがあるときの課題

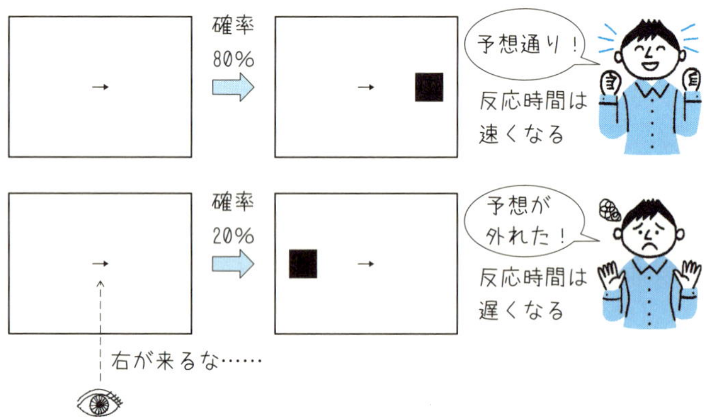


ーゲットが出現したとすると，なんとなく「予想していた通り」ということで，通常より素早くターゲットの出現に反応できるのではないか，と考えられる。さらに，矢印が手がかりとして機能するよう，Posner（1980）は「→」が注視点のときには，80% の確率で右側にターゲットが出現し，残りの 20% の確率で左側にターゲットを出現させるという設定を行った（図 **6.8**。注視点が「←」の場合は，その逆である）。

こうして，目を動かさない状態で，期待通りの位置にターゲットが出現した際の反応時間と，期待を裏切られて逆側にターゲットが出現した際の反応時間を比較すると，前者のほうが速くなる。この結果は当たり前のようにも思われるが，よく考えてみると不思議なことだ。というのも，目に映っている景色

（つまり網膜像）としては同じであるにもかかわらず，たとえば「→」がもつ意味によってその風景の一部に重みがかかることを意味しているからである。何よりもこの実験が優れているのは，網膜像として目に映っている情報がまったく同じなのに，「視野の右側に重みづけしている状態」と「視野の左側に重みづけしている状態」を，反応時間の差分を用いて数値化できるという点にある。この差分の値こそが「注意」と呼ばれているものの実体であり，心理学はこのポズナーの考案した課題によって，「注意」という目に見えない心の働きを定量的にとらえる新しい道具を手に入れたのである。

加えてこの課題がすばらしいのは，先に述べたように，シンプルであるがゆえに発展性をもっていたという点である。たとえば真ん中に矢印を出す代わりに，ターゲットが出現する位置の周りを一瞬光らせるなど，「目立たせる」ことで注意を向けさせても似たような実験をすることができる。もちろん，この際にも目を動かさずに真ん中を注視し続けることが求められる。

ターゲット位置が一瞬光る場合，とても目立つので，意識せずとも注意は光った位置に向く。一方，矢印は「右（左）を示している文字のようなもの」なので，たとえば「右に出てくるぞ」と意識しなければ，注意は右側には向かない。前者がボトムアップな注意，後者がトップダウンな注意とよぶこともできるだろう。さらには，真ん中に呈示される手がかり（cue）を，「正面を向いているのに右もしくは左を横目で見る顔」に置き換えても，ターゲット位置が光る場合と似た結果を得ることができる（Friesen & Kingstone, 1998）。顔と目線は，トップダウンな記号ではなくボトムアップに注意を動かす機能をもつというわけだ。

これらは展開のほんの一例であるが，ポズナー課題により「注意」という現象を定量的に測定できるようになることで，注意の認知心理学は大きく発展したといえるだろう。

### RSVP 課題――時間的注意

ポズナー課題が注意の空間的側面についての実験である一方で，時間的側面についての課題もある。その典型が，カナダ生まれの認知心理学者 J. レイモンドが「注意の瞬き（attentional blink）」の概念提唱の際に用いた RSVP（rapid serial visual presentation）課題である。ここでは，レイモンドら（Raymond et al., 1992）の実験をベースにこの課題の特徴を説明しよう（図 **6. 9**）。

レイモンドらは，アルファベットから選択した黒色の 1 文字を，1 秒間に 11 文字程度高速で呈示するという課題を行った。その際，1 文字だけ色を白

CHART 図 6.9 Raymond ら（1992）による RSVP 課題

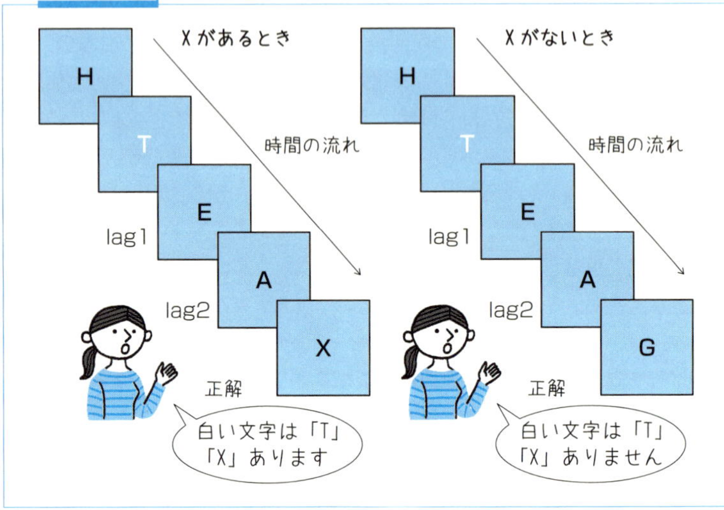


くし（ターゲット），その文字が何であったのかを答える，というのが基本的な手続きである。こんな瞬間的に次々と呈示された文字でもおおよそ 9 割近くは正解するというから，人間の知覚認知能力はたいしたものである。

実験ではターゲットである白い文字の後も同じペースで 1 秒間に約 11 文字が呈示され続けるのだが，ここで，レイモンドらは，「白い文字が何であったのか」を聞くと同時に，その白い文字の後に「X という文字が出現していたかどうか」を yes / no でたずねるという課題も設定した。実験では X が出現していない試行と出現する試行が半々で用意され，実験参加者は「白い文字が何であったか」という答えと，「X の出現があった／なかった」を口頭で答えるという 2 つのことが求められたのである。

レイモンドらの実験がすばらしかったのは，実験条件の比較対照として「白い文字を無視して X があったかなかったかを答える」というコントロール条件を設定したことにある。このコントロール条件と実験条件を比較することで，「白い文字に意識的に注意を向ける」ことが「X の見え方」にどう影響するかを測ることができるからである。

実験の結果，白い文字を無視していた場合，X を見つけられた正答率は 90 % 前後であったが，白い文字に注意を向けて，その文字が何であるかを答えなければならなかった場合，条件次第では X の出現がまったく見えなくなり，場合によって正答率は目をつぶってやっていたのと同じ50％までに落ち込んだのである。

興味深いのは，白い文字の直後にXが出てきたときよりも，白い文字が出た少し後，具体的には0.27秒前後にXが出ていたときに，最もXが見逃されるという結果になったという点だ。つまり，何らかの対象に注意を向けると，少し間をおいてから対象を見逃すようになるという時間に関わる注意の特性が示されたのである。

こうして，同じように網膜に情報が入ってきているにもかかわらず，何かに注意を払うことで，結果としてある時間幅に存在していたものが見えなくなる「注意の瞬き」と呼ばれる現象が明らかとなり，この現象を扱う手法としてのRSVP課題が確立された。RSVP課題により，注意の時間的な働きが実験的に扱えるようになったといえるだろう。

RSVP課題はこの後，さまざまなバリエーションに発展していく。1つ目のターゲット（白い文字）に注意した際，2つ目のターゲットであるXが見落とされるのは，1つめのターゲットの直後（lag1）ではなく2枚目の画像（lag2）であることが明らかとなったのは，その一例だろう。さらには，呈示するものを文字ではなく，風景写真や顔画像を用いた場合や，感情を喚起する言葉を用いる場合などでも「注意の瞬き」が生じ，注意のさまざまな側面が時間的処理という観点から検討されてきた。RSVP課題は，認知心理学における注意のメカニズム解明に大いに役立つことになったといえるだろう。

## 引用・参考文献 Reference


Friesen, C. K., & Kingstone, A. (1998). The eyes have it! Reflexive orienting is triggered by nonpredictive gaze. *Psychonomic Bulletin & Review*, 5, 490–495.

Posner, M. I. (1980). Orienting of attention. *The Quarterly Journal of Experimental Psychology*, 32, 3–25.

Raymond, J. E., Shapiro, K. L., & Arnell, K. M. (1992). Temporary suppression of visual processing in an RSVP task: An attentional blink? *Journal of Experimental Psychology: Human Perception and Performance*, 18, 849–860.

CHAPTER

第 7 章

# ヒトは白紙で生まれてくるのか

## 発達心理学

WHITEBOARD

**従来の発達観**

段階的に発展していくイメージ

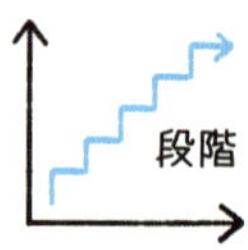


円環状に繰り返すイメージ

**新しい考え方：脳科学的発達観**

「失うことで能力を獲得する」

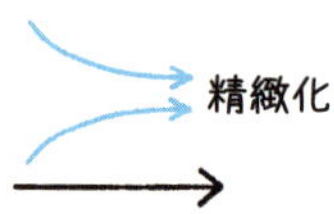


・知覚的狭窄化によって失うもの……例：サルの顔の識別能力
L と R の音声の区別の能力
⇒これにより精緻な顔認知／精緻な言語能力を獲得
・シナプスの刈り込み＝ニューロンとシナプスは，ある年齢までは増大し，その後シナプスのみ減少
⇒この刈り込みにより能力が精緻化する

**発達心理学の問い**：「氏か育ちか？」「ヒトの能力は生まれつきか？」

・臨界期と敏感期
・生まれつきの能力と環境の双方が重要

KEYWORDS
発達　ピアジェ　発達段階論　エリクソン　ライフサイクル　ライフタスク　パスカリス　知覚的狭窄化　シナプスの刈り込み　環境　学習可能性　臨界期　敏感期　選好注視法　馴化法

# 1 さまざまな発達観

心理学で development といえば「発達」と訳されるが，development とはもともと「小さく包んだものを広げる」というような意味の語である。一般には，生物学において受精卵などから体の構造が形成されていく，いわゆる「発生」の意味で使われるほうが主要な使い方かもしれない。しかし「発達」にしろ「発生」にしろ，いずれも「折りたたまれた構造が広く展開する」という点でいえば，両者は同じ意味といえるだろう。注意すべきは，「発達」のもともとの意味には，何かができない状態からできる状態へと「上昇していく」というニュアンスはなかったという点である。「発達」を，階段を上っていくイメージのみでとらえることは正しくないということになる。

## 右肩上がりの発達段階論

発達心理学における人間の発達観も，心理学者によってまちまちである。代表的なものはスイスの心理学者，J. ピアジェによる発達段階論だろう。ピアジェは感覚運動期（0～2 歳），前操作期（2～7 歳），具体的操作期（7～12 歳），形式的操作期（12 歳以上）などの段階を設定し，人間は徐々に自己を中心とする感覚の世界から離脱し，抽象的で客観的な世界に至ると図式化した。ここでの「発達」とは，右肩上がりに発展していく人間観である。今，目の前の子どもがどの段階にいるのかをどうやって決めるのか，その正しい科学的な手続きがあいまいであるとの批判もあるが，いずれにせよ，1 つひとつの発達段階という階段を上っていくことこそが発達であるとする考え方が発達段階論の特徴である。

## 円環としての生涯発達

一方，発達というものをもっと循環的なプロセスとしてとらえ，生まれてから死ぬまでの生涯を１つの円でとらえようとする発達観もある。その代表がE. H. エリクソンであろう。エリクソンは生物学における生活環（ライフサイクル）という概念を用いて，生涯発達における課題（ライフタスク）を列挙し，人生とは課せられたライフタスクを次々とこなしていく過程である，としたのである。ここには右肩上がりの発達観はない。年齢とともに能力を獲得し上昇していくのではなく，ライフタスクを連続してこなしていく中で，つがいをつくり世代を交代していくという生物学の概念が取り込まれている。

生物学的にいえば種により生活環はまったく異なったものとなっている。性があるのかないのかといった観点や，胞子体や配偶体がどのような形をとるのかといった観点から，動植物すべてを統合する形で，世代交代がどのように連続していくのかが分類されている。この生物学の考え方と似たようなモデルを，エリクソンは着想したのである。

## 脳科学的発達観

近年，こうした発達観とはまったく異なった視点が，脳科学の発展とともに提案されている。それは「失うことこそが発達である」とする発達観である。それを裏づける報告として，発達とともにシナプスが減少していく「刈り込み」現象の発見や （⇨123 ページ），言語認知，顔認知に関して，必要のない能力を失うことで特定の領域に特化するといった精緻化などの報告がある。

この観点から生涯発達をとらえなおすことで，なぜ特定の時期に特定の能力の学習が可能となるのかといった臨界期の問題や技能が熟達化する過程を，脳科学的にとらえることができるようになった。また，脳の発達を考えることで，生得的な仕組みと，環境によってその仕組みが相互作用しながら変容していく様子も扱うことができる。第 **11** 章で扱う発達障害についても，脳科学的な発達観によって，より科学的にとらえることができるようになってきたのである。

「氏か育ちか」といった，古くからある発達心理学の問いは，過去においては観察と推測によって考えられてきたが，脳科学やそれに基づく実験的な発達心理学により，新しいとらえ方で扱われるようになってきたのである。

POINT

□ 1　発達のイメージには階段状のもの，円環状のものがあるが，近年脳科学の発展に伴い，失うことで逆に何かを獲得するという発達観も提案されている。

# 2　獲得と喪失による発達

## 何かを失うことにより1つに特化する

何かを失うことで，逆に精緻化した能力を獲得していくという発達パターンについて見ていこう。

たとえば私たちは，サルの顔どうしをヒトの顔どうしのようには細かく見分けることはできない。では，私たち大人には，なぜサルの顔はみな同じに見えるのか。それは，もともともっていたサルの顔の識別能力を，発達に伴って失ってしまったからである。そして，失ったもののかわりに，私たちは精緻で正確なヒトの顔認知能力を獲得したのである。

この実験を行ったO. パスカリスらのデータによれば，生後6カ月の乳児はサルどうしの顔もヒトどうしの顔と同じように識別できるのに対し，9カ月になるとサルの顔の識別ができなくなることが示されている。つまり，発達に伴い，私たちはサルの顔認知能力を失ってしまうのである（**図7.1**）。

実は同様なことは，言語音についても明らかにされていている。日本語を母語とする人にとって，LとRの音声の区別はたいへん難しい。lice（シラミの複数形）もrice（米）も，基本的には似たような音に聞こえる。しかし，言語獲得前の乳児は，どのような母国語の環境にいたとしても，この2つの音声を区別することができることが，実験により確認されているのである。つまり，ここでも発達に伴って，私たちは何かを失い，かわりに日本語という1つの言語に特化した耳と脳を獲得することがわかってきたのである（これら言語や顔認知の発達において，必要なくなった能力を失う過程のことを知覚的狭窄化（きょうさくか）〔perceptual narrowing〕とよんでいる）。

CHART 図7.1 パスカリスらの実験で用いられたヒトとサルの顔

（出所） Pascalis et al., 2002.
From *Science* (Vol. 296, No. 5571, pp. 1321-1323.)
Reprinted with permission from AAAS.

6カ月児は，下段の2つのサルの顔と上段のヒトの顔をどちらも区別できるが，9カ月児は，サルの顔の区別ができなくなる。

## 精緻化のメカニズム

では，発達において精緻化が起こるメカニズムを，大きく3つの段階に分けて考えてみることにしよう。

**(1) 初期の段階**　この段階は，鋳型，つまり生まれつきの決まりきったパターンを処理している段階である。運動でいえば反射，つまりこれも決まりきったパターンで体を制御している段階ということになる。この段階の乳児は，いわば，1つの問題に対して，あらかじめ用意された答えを「丸暗記」するようなやり方で対処している。丸暗記では，決まった問題にはある程度対処できるが，少し応用的な問題になると解くことができない。たとえば顔認知の課題でいえば，髪型が変わったり照明条件が変わったりすると，とたんに認識できなくなる。脳科学的にいえば，この段階での情報処理は，生まれつき備わっている反射に近いと考えられる。というのも，脳のニューロンはきちんとしたネットワークを形成しておらず機能していない可能性が高い。

**(2) データを蓄積する段階**　この段階は，現実の環境に接触する中で，データが蓄積されていく段階である。お母さんの顔やお父さんの顔を見る。お母さんが話す日本語を聞く。このような体験を繰り返すことで，当初は鋳型のみを用いて対応していたレベルから，柔軟に対応できるようになる。

この段階の最大の特徴は，「応用問題に強くなる」という点だろう。より具体的にいえば，情報に多少の欠けた部分があっても顔や声を認識できるようになる，ということになる。たとえば顔であれば，照明により見え方が異なったり，一部が隠れていたりしても顔として認識する必要がある。言語音声でいえば，背後で雑音が聞こえていても，お母さんの声が聞こえるようになるには，この段階までの発達が必要となる。この段階は，脳科学的にいえば皮質が機能しはじめる時期に重なる。ニューロンどうしはつながりはじめ，ニューロンとニューロンをつないでいるシナプスの数も急増する。

(3) **データを絞って能力を精緻化する段階**　そして次は，環境から獲得した情報によりさまざまな処理が精緻化していく段階になる。たとえば言語の学習であれば，(2)の段階ではすべての言語に反応していたものが，徐々に日本語話者の多い環境であれば日本語の音声にのみ反応するよう発達が進んでいくことになる。すでに説明したように，言語でいえば母語に特化していくことで，母語以外の音声識別の能力を失う。顔認知でいえば，ヒトの顔に特化することで，ヒト以外の顔の識別能力を失う。こうして，大人が行っているような精緻な能力を獲得していくのである。

## シナプスの「刈り込み」

この精緻化に向かう発達メカニズムが，言語や顔認知という特定の領域を超えて一般性をもっていることを，ハードウェアのレベルで裏づけているのが，シナプスの刈り込みという現象である。よく知られているように，脳はニューロンという神経細胞から構成されており，そのニューロンどうしはシナプスとよばれる構造により接続されている（⇨第**4**章）。そして，何かを認識したり理解したりするには，すべてこのニューロンのネットワークによる神経回路の形成が不可欠となっている。ニューロンは発達とともに「軸索(じくさく)」とよばれる枝を伸ばして形態を変化させ，ニューロンどうしをつなぐシナプスの数を増やしていく。1つひとつ，孤立していたニューロンが，シナプスによって網目のような複雑なネットワークをつくっていくのである。

アメリカの脳科学者であるP.R.ハッテンロッカーは，胎児，乳児，児童，青年，老人と，ヒトが年齢を積み重ねていく中で，脳のニューロンの大きさとシナプスの数がどのように変化していくかをそれぞれの脳を対象に検討した。その結果，たとえば視覚野のニューロンは，8カ月頃に向けて大きくなり，その後，生涯にわたって一定であるのに対し，シナプスの数は8カ月で最大になった後，青年期に向けて徐々に減っていき，その後成人のレベルのままで生涯を過ごす，ということが明らかとなった（図**7.2**）。視覚野ではシナプス増加の

CHART 図 7.2 生涯にわたるニューロンとシナプスの増減

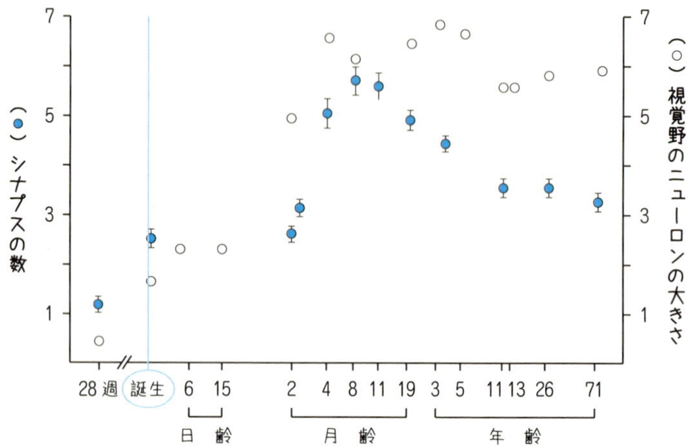

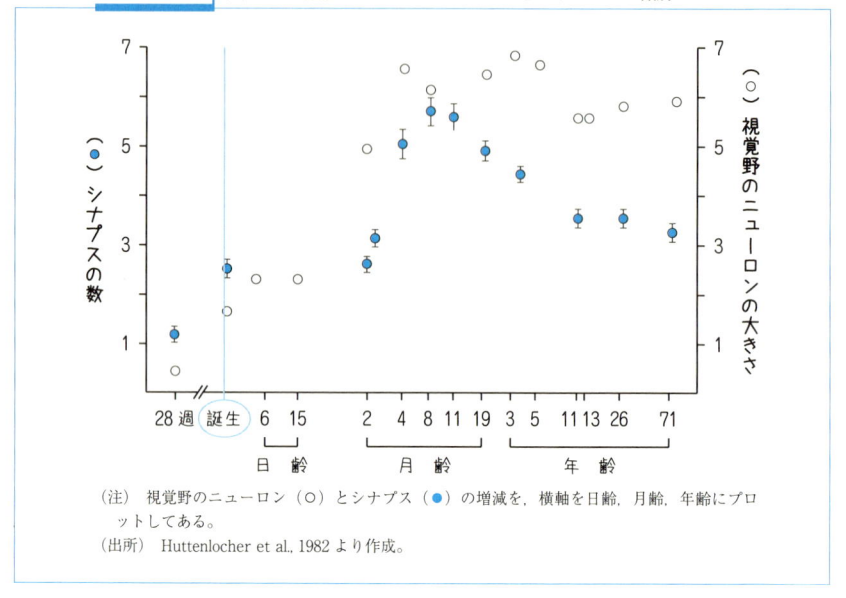

(注) 視覚野のニューロン (○) とシナプス (●) の増減を, 横軸を日齢, 月齢, 年齢にプロットしてある。
(出所) Huttenlocher et al., 1982 より作成。

ピークが8カ月であるが, たとえば前頭葉ではそのピークが3歳頃であることがわかっている。脳の場所によってピークの時期は異なっているものの, 全体として「ニューロンは最大になった後生涯変わらないのに対し, シナプスは増えた後減る」というパターンはすべてに共通している。このシナプスの減少を, いったん成長した植物をきれいに剪定(せんてい)する過程になぞらえて「刈り込み」とよぶのである。おそらく, いつピークを迎えるのかということは, 脳の各領域が担っている能力と関連している。たとえば聴覚野と前頭葉であれば, シナプス増加のピークは3歳頃であるが, 聴覚野であれば言語の発達との関連が考えられるし, 前頭葉であれば, 推論や判断能力をベースとする人格的な発達と関連している。

ところで「刈り込み」は何のために生じるのであろうか。いったん増えたものを減らすことでどのようなメリットがあるのだろうか。おそらくこの減る過程こそが,「精緻化」することに関係しているものと考えられている。あらゆる知覚・認知は, 複雑なニューロンのネットワークによって処理されているが, シナプスがつながりすぎていることは, 多様な処理が可能な一方, 無駄も多く不正確で時間もかかることと予想される。この無駄を減らすことで，すばやく正確で精緻な処理が可能となるのだろう。サルの顔認知という無駄な処理能力を失うかわりに，ヒトどうしの微妙な顔の違いを認知できるようになる背景には，こうしたニューロンとシナプスの発達が関係していると考えられている。

POINT

- □ 1 発達初期には可能であったサルの顔どうしの区別やＬとＲの音声の区別が，顔認知や言語の発達とともにできなくなる現象を知覚的狭窄化という。
- □ 2 能力の発達には，鋳型で対応する段階，データを蓄積する段階，精緻化していく段階の３つの段階がある。
- □ 3 ニューロンの増大とシナプスの増加の後に数年かけてシナプスが減少する「刈り込み」とよばれる現象がある。

## 3 発達にとって何が重要なのか

### 氏か育ちか

氏（うじ）か育ちか，というのは古くからある問題だ。つまり，ある能力が，ヒトという生物に生まれつき備わっているものなのかどうか。もし生まれつきではなく，学習により成立したものであるならば，どの程度の学習が必要なのか。また，その時期は限定されたものであるのか，といった問いである。この問いかけは，多くの心理学で共通のものであるが，発達心理学では，特にこの「氏か育ちか」という問題を扱ってきたのである。

たとえば，顔を見て誰であるかがわかる能力は人間に備わったものなのか。赤ちゃんはお母さんの顔や女性の顔を好んで注視することがわかっているが，これは生まれつきの能力なのだろうか。もし人間の顔ではなく，サルの顔や宇宙人の顔をした養育者に育てられれば，赤ちゃんは人間の顔どうしを区別できなくなるのだろうかといった問いが投げかけられてきた。

結局のところ，こういった問いは，「人間はどこまで環境により変化しうる存在であるのか」という，学習可能性の問いにも関わっている。

発達心理学は，人間の心のあらゆる側面の発達を扱う。したがって記憶，感

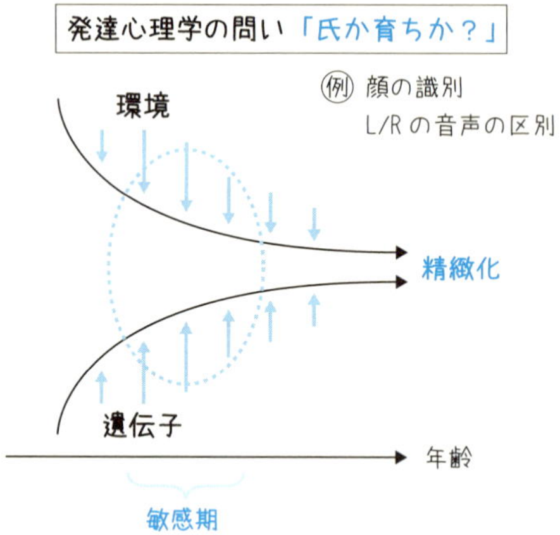


情，知覚，性格，知能などなど，心理学のあらゆる分野がその対象となる。こうした多様な心理学的な能力は，それぞれどの程度生まれつき決まっているのだろうか。

## 敏感期と臨界期

生まれつきの能力はどの程度か，という問いに関連して，その能力は発達の過程でどの時期に学習されうるのか，というものがある。たとえば筆者を含めた日本語を母語とする者は，英語を学習することに非常に困難を伴う。しかし，アメリカやイギリスに生まれ，英語を母語とする者であれば，1,2 歳の幼児であったとしても，難なく英語を学習していく。この事例が意味することは，言語を学ぶ時期に関しては，少なくとも特定の時期であれば，言語の学習が極端に容易になるということであり，その時期を過ぎてしまうと，学習に多大な努力が要求される時期，すなわち臨界期が存在するということになる。もちろん，言語は特定の時期でなければ学習しにくいにしても，自転車に乗る技術や自動車の運転などは，どの年齢においても習得可能に思われるかもしれない。しかし，愛着やコミュニケーションなどの人間の発達にとって重要な能力には，臨界期が存在するのかもしれない。

現在の脳科学に基づく新しい発達心理学によれば，臨界期という用語はやや強すぎるということで，かわりに敏感期という言葉が用いられることが多い。臨界期という言葉がもつニュアンス，すなわち「ある特定の時期に学習されたものが一生涯変化しない」，あるいは「その時期を少しでも外れれば学習が成立しない」といった厳密なものではなく，「特定の時期に学習が成立しやすい」といったもっと柔軟なものである，との観点から，この敏感期という言葉が用いられる。

### 敏感期の一例

では，敏感期の具体的な事例として，顔認知を題材とした研究を紹介しよう。カナダの心理学者 D. マウラを中心とする研究グループは，先天性白内障の赤ちゃんの顔認知能力を検討した★。研究チームは，乳児期に白内障の状態で視覚が「剥奪」された期間が，2〜6 カ月とさまざまであった 14 人を対象に，子どもたちが成長した後，顔認知にどのような影響がでるのかを詳細に検討した。14 人の年齢は実験を行った時点では 9 歳から 21 歳までと多様であったが，みな，乳児期の数カ月間を白内障の状態で過ごしたという共通点をもっていたのである。

CHART 図 7.3 顔の配置とパーツを変更した図

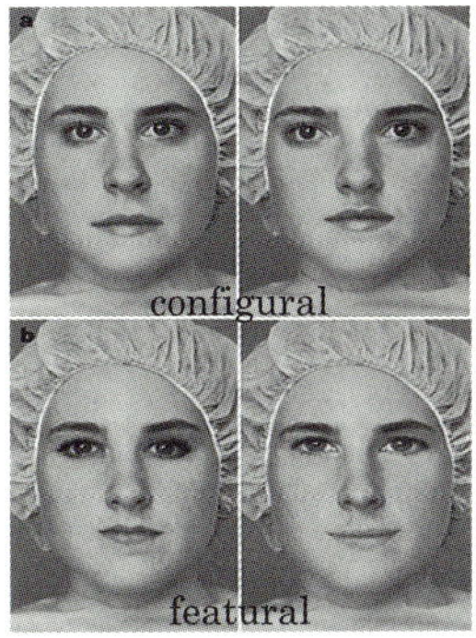


（出所） Le Grand et al., 2001 より作成。

乳児期に白内障により視力が制限されてしまうと，その後手術により健常な視力を回復しても，顔認知の成績に影響が出る。手術後最低でも 9 年は経っていたが（平均 14 年），下段の「featural」どうしの顔の区別は問題なかったが，上段の「configural」どうしの顔の区別の成績は悪くなっていた。

研究グループは顔認知を 2 通りの方法で検討した。1 つは，目と目の距離や口の位置などの「配置」を変えた顔どうしを区別できるかどうかという課題であり，もう 1 つは目や口といった顔の部分的特徴（パーツ）が入れ替わった顔どうしを区別できるかどうかという課題であった。具体的には，パーツどうしの配置を画像処理によって変更した写真（configural）と，顔写真のパーツを入れ替えた写真（featural）を用意し，同じ写真かどうかの判断を行わせたのである（図 7.3）。

その結果，顔のパーツを入れ替えた顔判断課題では，先天性白内障だった人も健常な発達の人も，同じぐらい正確に 2 つの顔の違いに気づくことができた

note

★ 白内障の状態は，全盲とは異なりまったくものが見えないわけではなく，明るい暗いといった基本的な情報を感じ取ることはできる。しかし，はっきりとものは見えずぼやけた状態となる。このような状態を抜け出し，通常の視覚の状態にするには手術が必要であるが，乳児の場合，麻酔などに関する手術のリスクが伴うことになる。したがって，視覚の発達を考えるのであれば早急な手術が求められるが，リスクを考えてある程度の月齢まで手術を待つことがある。

のである。つまり，剥奪を経験したとしても，基本的な顔認知はできるようになることを意味している。

しかし問題がないわけではない。先天性白内障のため視覚を剥奪されていた人たちは，健常に発達した人たちに比べ，パーツどうしの距離である配置を変えた顔の区別の成績が有意に悪かった。さらにいえば，剥奪された期間が2カ月であろうと6カ月であろうと，「顔の配置」がわかりにくくなる程度に違いは見られなかったのである。

この実験結果は，何を意味しているだろうか。ひと言でいえば，生後数カ月というのは顔認知の学習にとってたいへん重要な時期，すなわち敏感期である，ということだろう。この時期に視覚の一部が剥奪されることは，剥奪の長さにかかわらず，顔の認知を悪くさせる。

しかし，乳児期に顔を見る経験を剥奪されていようと，パーツが入れ替わるぐらいにはっきりと違う顔であれば区別することはできるようになった。つまり，乳児期以降の数年の経験により，ある程度の顔認知の学習が行われていたことを意味している。

顔認知のより基礎的な能力は，子どもから大人になる数年間で補うことができる。一方で，配置の違いによる情報の識別といった精緻な能力の学習は，生後数カ月の経験が重要なのである。

## 発達には適切なタイミングと量が重要

発達心理学では，どのような発達観をとるにせよ，一生という長い時間の中で，人間がどのように変化していくのかを記述し予測することが主要なアプローチとなる。その際には，人間が環境の中でどこまで変わりうる存在なのか，もっといえば，人間にとって生まれつき変えられない「運命」の範囲はどこまでなのか，という点が常に問われることになる。ある能力が「氏か育ちか」あるいは「生得的か」が問われるのも，この「人間にとっての変えられない範囲」を知るための問いということになるだろう。

この問いに対する1つの解答が，「敏感期」の存在ということになる。臨界期という用語には，この時期を外すと学習がいっさい成立しなくなるとの印象がある。しかし実際には，特定の年齢を超えても，ある程度の学習は成立する。

同じ現象を扱うとしても，臨界期とよぶか敏感期とよぶかには，発達をどのようにとらえるかという見方の違いにもよる。敏感期という言葉には，後の学習や発達の影響をできるだけ重視し，人間の変わりうる側面に積極的に注目しようとする意味合いが含まれているだろう。

このようにとらえてみると，「生得的」という言葉のニュアンスも違ったものになる。ある能力の発達が遺伝子に書き込まれた生まれつきのものだとしても，特定の環境における一定時間の発達的過程が不可欠である。たとえば「目が見える」という能力は，間違いなく遺伝子に書き込まれた複数要因がなければ成立しない。しかし，もし真っ暗な部屋でいっさいの光を剝奪されてしまえば，赤ちゃんはきちんとモノが見えるようにならないだろう。それも，視覚に関係する脳の領域ができあがる8カ月までに，光がある環境で成長することが必須であると考えられる。同じことは顔認知についてもいえる。新生児の段階で，すでに人の顔に注目するようになっているという点では，顔認知は確かに遺伝子に書き込まれた能力といえる。しかしすでに説明したように，複数の他人の顔をきちんと見分けることができるためには，「敏感期」における視覚経験が欠かせない。その時期があらかじめ決まっているという点では，生まれつきの要因が大きいが，経験が重要という意味では環境の要因も重要となる。大事な点は，適切なタイミングで適切な環境が与えられることなのである。

よく早期教育などといって，敏感期に大量の情報を与えればその能力が伸びるのではないかと勘違いしている人がいる。3歳までに英語を聞かせるとバイリンガルになるとか，モーツァルトを聴かせると音楽の才能が伸びるのではないかといったたぐいの考えだ。確かに敏感期とは，いわば100与えられれば100を受け取ることができる時期であり，そのタイミングを逃せば受け取る力は10か20に落ちてしまうのかもしれない。しかし敏感期に200や300与えたからといって，すべてを受け取れるわけではない。適切なタイミングに適量の情報（適切な環境）が与えられることが発達にとって大事なことなのである。

発達とは，冒頭でも述べたように，折りたたまれた仕組みが時間の経過とともに展開する過程であるといえる。そして展開するためには，一定の時間と環境が必要なのだ。用意されたものと環境のダイナミック（時間的変化）な関係を，知覚，認知，感情，言語といったさまざまな領域において検討するのが，発達心理学ということになる。

**POINT**

- □ 1 発達心理学では，ある能力が生まれつきのものであるのか，それとも学習されたものであるのかという，いわゆる「氏か育ちか」の問題を扱ってきた。
- □ 2 従来は，特定の時期に学習を行わなければその能力を獲得できないとする「臨界期」が存在すると考えられてきたが，近年は，特定の時期に学習がしやすい「敏感期」とよばれる時期が重視されている。
- □ 3 生まれつきの能力をもって特定の環境下で一定期間育つことが必要であるという意味で，「氏か育ちか」の問題は，結局のところ両者の相互作用が重要という結論になる。

### Column ⑪ 注視時間を測る——選好注視法と馴化法

乳児は，大人と違って言葉での指示ができないため，実験心理学的な検討は，すべて行動指標を利用する。中でも最もよく用いられる指標が注視行動，すなわち見ている時間を測定することである。ここでは注視行動を用いた２つの実験手法を簡単に紹介することにしよう。

１つ目は，選好注視法と呼ばれる方法である。典型的には，乳児に「好きな図形」と「好きでない図形」を左右に呈示し，それぞれへの注視時間を測定することで，両図形の弁別を検討する。ときどきこの方法論は，「乳児の好きな図形を調べる実験方法」と誤解されることがあるが，ポイントは「好み」を道具として利用することで，図形間の識別を調べるという点である。

乳児は一様な灰色よりも，白と黒のストライプ（縞）の図形が好きという性質がある。この性質を利用して，乳児の視力を測定することができる。たとえば，白と黒のストライプが非常に細い画像を用意する。もしこの「細さ」が視力の限界を超えていると，白と黒が混じって灰色に見える。すると乳児は，「細いストライプ」と「一様な灰色」を左右に呈示されても，双方への注視時間は同じになる。一方，白黒のストライプが見えていれば，乳児は「ストライプ画像」への注視時間が，「一様な灰色」より長くなるはずである。なぜなら乳児はストライプ画像が好きだからである。こうして，「ストライプが好き」という性質を利用することで，ストライプと灰色を区別しているか否かを調べることができるのである。

しかし，乳児から見て好みに違いはないが弁別できる画像というものもある。

CHART 図 7.4 ケルマンらの実験で用いられた装置

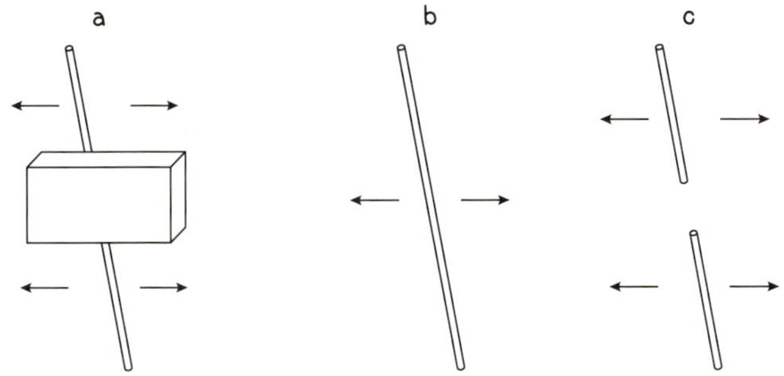


こうした画像の組み合わせの弁別は選好注視法で検討することができない。その際にはもう 1 つの手法である馴化法が用いられる。ここでは，馴化法の代表として，Kellman & Spelke（1983）の実験を紹介する。

私たちはモノが折り重なって配置されているとき，背後にある隠された部分が見えていなくても，隠された部分が消えてなくなったとは感じない。これは当たり前のことのように思われるが，よく考えてみれば当然ではない。隠された部分が切れているのか，つながっているのかは見えていないからである。この隠された部分を視覚的に補う視覚的補完と呼ばれる能力がなければ，安定した視覚世界は成立しないため，いつ頃からこの能力が発達してくるかを探るのは，発達心理学において重要な課題であった。

ケルマンらは，この視覚的補完能力を調べる目的で，**図 7.4** にあるような 3 つの装置（木製のブロックと棒）を用意した。1 つはブロックに一部隠されて背後で棒が左右に動いている装置（**a**）であり，あとの 2 つはつながった 1 本の棒（**b**）と，途中で途切れていてる 2 本の棒（**c**），であった。この **c** の 2 本の「途切れた棒」は，つながっているかのように，一体となって左右に動くように設計されていた。

さて，馴化法では，ある図形を何度も呈示して飽きさせる馴化期と，2 つの画像を呈示して注視時間を測定するテスト期の 2 つの期間から構成される。ここでは，まず **a** の装置を何度も乳児に見せて馴化期を構成した。

動く棒はおもしろいものなので，乳児は最初この装置を注視する。しかし，何度も繰り返し見えていると次第に飽きてきて（馴化），注視しなくなる。確実に「飽きた」，つまり「馴化が成立した」ことを確認すると，今度はテスト期としてbのつながった棒とcの途切れている棒を呈示する。オリジナル論文では，bとcを順に呈示して注視時間を測定しているが，ここではこれをわかりやすくする目的で，bとcを左右に呈示することでテスト期としてみよう。

馴化法のポイントは，馴化期のデータは用いずに，テスト期のデータのみを用いて乳児の知覚認知を検討する点にある。つまり，左右に呈示されたbとcへの注視時間を測定することで，視覚的補完を検討するのである。

さて，ここでみなさんに質問である。もし乳児が木製ブロックの背後の棒を「1本のつながった棒」として知覚していた場合，bとcのどちらを長く注視するだろうか？

授業で質問すると，しばしば間違ってbの「つながった棒」と答える学生がいる。なるほど「棒がつながっている」ことを調べたいのだからbと答えてしまうのだろう。しかしよく考えていただきたい。aの馴化の段階で「つながった棒」が知覚できているならば，bのつながった棒は見慣れたものであり，乳児から見て驚きはない。一方，cの途切れた棒ははじめて見るものということで，驚きをもって注意を引くことだろう。

乳児には，見飽きたものよりも新しいものを好んで長く注視するという「新奇選好」という性質がある。この新奇選好の原理に基づき，仮にbのつながった棒よりもcの途切れた棒を長く注視するというデータが得られたとすると，さかのぼってaのブロックの背後の棒を乳児は「つながって知覚していた」という推論が成り立つのである。

逆にいえば，馴化の段階でaをつながっていない途切れた棒として知覚していた場合は，見飽きた途切れた棒であるcよりも，つながったbのほうが新規なので長く注視することになるのである。つまり，馴化の後，bとcのどちらを長く注視するかをテストすることで，馴化段階でのaに対する知覚をさかのぼって決定することができるというのが，馴化法の考え方である。

この考え方は，今回用いた馴化期aとテスト期b，cをどのように入れ替えても成り立つ。たとえばaにお母さんの顔写真を用意し，bに同じお母さんの顔，cにお父さんの顔を用意すれば，乳児におけるお父さんとお母さんの顔の区別が検討できる。aとbのお母さんの写真を，照明や角度の点から別のものにすれば，写真が少しぐらい違っても同じと乳児が判断したことになるので，この結論をより確実なものにすることができるだろう。

現代の発達心理学では，この馴化法を使い多くの実験が積み重ねられている。物体の恒常性といった伝統的な問いから，善悪の概念といった実験的に扱いにくかったテーマまで，かつては観察と推測のみに頼っていた発達心理学を，現代的で科学的なものにしたのが，選好注視法や馴化法といった，注視行動を指標とした実験手続きなのである。

## Column ⑫ 運動能力から見た発達段階とよび名

「赤ちゃん」は英語で baby だが，より正式には infant が用いられる。日本語でいえば「乳児」という言葉に相当するだろう。では，生まれてからいつ頃までが乳児（infant）なのだろうか。あるいは，その幅は，「赤ちゃん」と同じなのだろうか。それとも，文化や単語によって，指す範囲に違いはあるのだろうか。このコラムでは，「赤ちゃん」や「子ども」を指す言葉の範囲を考えることで，運動能力を中心にした発達段階を考えていくことにする。

まずひと言で「赤ちゃん」といっても，生まれたばかりの赤ちゃんとその後の赤ちゃんでは大きな違いがある。日本語では新生児，英語では neonate とよばれる存在は infant と区別すべきだろう。医学的には生後 1 カ月以内であれば新生児（neonate）とする定義もあるようだが，発達心理学の分野では，おおよそ生後 1 週間以内の乳児を新生児とよぶことが多い。

新生児をわざわざ区別する理由は，単に生まれたばかりである，というだけではない。発達心理学的にいえば，新生児がもつ能力は環境による学習の結果というよりも，生まれつき備わった生得的な能力であることを意味するからである。すでに説明したように，たとえば新生児は，顔のような模式図形を区別して認知することが知られている。この事実は，顔という視覚パターンの認知能力が，ヒトという生物にとって生まれつきの能力であることを示している。新生児は，どのような能力が生得的であるかを知ることができる貴重な存在なのである。

infant とは否定を表す in と，言葉を表す fant が合わさった言葉である。つまり乳児とは，そもそも「言葉をしゃべらない人」ということができるだろう。逆にいえば，言語を獲得しおしゃべりをはじめる 2 歳半から 3 歳頃になると，「赤ちゃん」ではなく「子ども」（child）ということになる。しかし，英語では infant と child の間に toddler（よちよち歩きの赤ちゃん）という中間的な段階を指す言葉がある。toddler とは，簡単にいえば「言葉は話さないが歩くことができる人」である。つまり英語では，「二足歩行」というヒトの能力を重視して発達段階を区別していることになる。もちろん日本語でも「這えば立て立てば歩めの親心」というぐらいだから「歩く」ことを軽視しているわけではないだろうが，英語の学術論文のタイトルなどに toddler が普通に使われている点を見ると，toddler にあたる日本語がないことは念頭におくべきだろう。

発達心理学の論文などを見ていると，ときどき young infant という表現が出てくることがある。直訳すれば「幼い乳児」であるが，そもそも乳児が幼いのであるから，ちょっと奇妙な表現に思われるかもしれない。しかし，この表現にも意味がある。つまり，young infant と infant は，発達段階から見て区別すべきという考え方だ。young infant に明確な定義があるわけではないが，首がすわる 2，3 カ月前後の赤ちゃんを指す言葉のように思われる。

乳児は一般に，5 カ月頃から物に手を伸ばすようになり，7 カ月頃になると目の前に呈示されたオモチャなどを正確につかむようになる。リーチングとよばれるこの行動は，2，3 カ月頃の乳児には観察されない。つまり，young infant は，「首はすわっているが物に手を伸ばさない人」ということができるだろう。こうしてまとめてみると，ひと言で「赤ちゃん」といっても，「首がすわっているか」「物に手を伸ばすか」「歩くか」「しゃべるか」といった行動から，よび名も変化することがわかる。

## 引用・参考文献　　Reference ●

Huttenlocher, P. R., De Courten, C., Garey, L. J. & Van der Loos, H. (1982) Synaptogenesis in human visual cortex: Evidence for synapse elimination during normal development. *Neuroscience Letters*, 33, 247-252.

Kellman, P. J., & Spelke, E. S. (1983) Perception of partly occluded objects in infancy. *Cognitive Psychology*, 15 (4), 483-524.

Le Grand, R., Mondloch, C. J., Maurer, D. & Brent, H. P. (2001) Neuroperception: Early visual experience and face processing. *Nature*, 410, 890.

Pascalis, O., DeHaan, M. & Nelson, C. A. (2002) Is face processing species-specific during the first year of life? *Science*, 296, 1321-1323.

CHAPTER

第8章

# 感情はどのような役割を果たしているのか

## 感情心理学

WHITEBOARD

感情とは何か？

目に見えない，実験室で再現が難しい

「表情は感情をそのまま表出するもの」（by エクマン）

文化によらず共通の基本6感情：幸福，怒り，悲しみ，嫌悪，驚き，恐怖

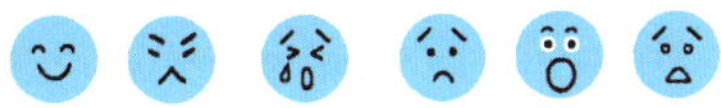

「感情＝表情ではない」（by ラッセル）

文脈，文化の影響も

快－不快×覚醒－睡眠（by シュロスバーグ）

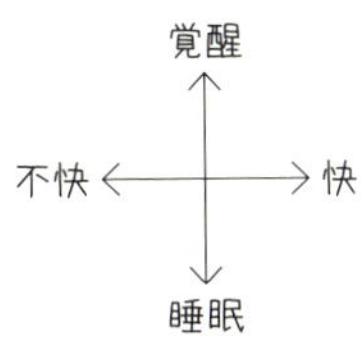


・なぜネガティブな感情があるのか？

⇒環境の中にある有害な情報に素早く対処するのに役立つ

・感情と認知は関連（気分一致効果，ネガティビティ・バイアス）

KEYWORDS

感情　表情（顔面表出）　エクマン　基本６感情　フリーセン　感情語　コンテキスト（文脈）　ラッセル　表示規則　シュロスバーグ　快－不快　覚醒－睡眠　シュロスバーグの円環　気分　情動　気分一致効果　状態依存記憶　凶器効果　ネガティビティ・バイアス　単純接触効果

## 1 感情研究は未知の世界

感情とは何か。人はどのようなときに泣いたり笑ったりするのか。喜びなどのポジティブな感情がある反面，なぜ悲しみや怒りなど，ネガティブな感情があるのか。

こうした問いに答えるべく，古来著名な哲学者たちが感情について考えてきた。たとえば「我思う故に我あり」で著名なR.デカルトは『情念論』という本を書いているし，オランダのB.スピノザは『エチカ』という本の中で，人間の感情の種類を列挙し論じている。「理性は情念の奴隷である」といったD.ヒュームも忘れてはならないだろう。

こうした長い伝統にもかかわらず，心理学が感情について明らかにしてきたことは，それほど多くはない。というのも，本書で繰り返し述べてきたように，感情もまた明確な大きさ，重さ，形をもたないからである。

感情が扱いにくいもう１つの理由は，実験室で再現することが難しいという点があるだろう。たとえば知覚であれば錯視図形をもってくればいいし，記憶であれば何かを覚えてもらえばいい。しかし，感情についていえば，人を本当に怒らせたり本当に喜ばせたりすることは，それほど簡単なことではない。人によって感情を掻き立てられる理由は異なるし，実験的に何度も繰り返せるものでもない。科学的研究の対象は，予測通り生起させることができ，しかも繰り返せるもののほうが望ましい。

感情による涙の機能を考察したW.H.フレイは，人はどのようなときに泣くのか，ということを論文で調べようとして，心理学がほとんどこのテーマを研究してこなかったことに愕然としたという。たとえば「悲しいから泣くのではない，泣くから悲しいのだ」との言葉で有名な W. ジェームズによる「情動の末梢起源説」とよばれる考えがある。この言葉は，感情の原因と結果を逆にとらえた意外な発想ではあるが，そもそも「人はどのようなときに泣くのか」といった問いに答えるものではない。実際に人は日常生活の中で，時に感情の涙を流す。それはどのような条件のときなのか。それは何のためなのか。感情心理学は残念ながら，こうしたシンプルな問いに未だ答えをもっていない。

この章では，まず感情にはどのような種類のものがあり，それがどの程度普遍的なものであるのかを列挙し，そのうえで，各感情間の関係と役割について考えてみることにしたい。

## 2 表情から感情がわかるのか

### 表　情

感情を直接扱うことが難しいのであれば，目に見えるものを扱えばいい。ということで，感情研究の１つのアプローチとして，感情心理学の分野では表情が扱われてきた。表情は英語では facial expression of emotion という。直訳すれば「感情の顔面表出」となり，「顔面表出」という訳語が学術用語として使われることもある。

英語のフレーズには，「表情とは感情という内部のものが，顔の表面という目に見える場所に出現したものである」という発想がある。つまり，まずは心の中に目には見えないけれども感情が発生し，それが外に現われてきたものが表情というわけである。

### エクマンの基本６感情

感情心理学では，アメリカの心理学者 P. エクマン★の基本６感情（six basic emotions）の概念がすでに確立されている。エクマンによれば，幸福，怒り，悲しみ，嫌悪，驚き，恐怖，の６つの感情については，その「顔面表出」が文化によらず普遍的であり，その顔の動きを記述する単位として，アクション・

CHART 図 8.1 アクション・ユニットの例（一部）

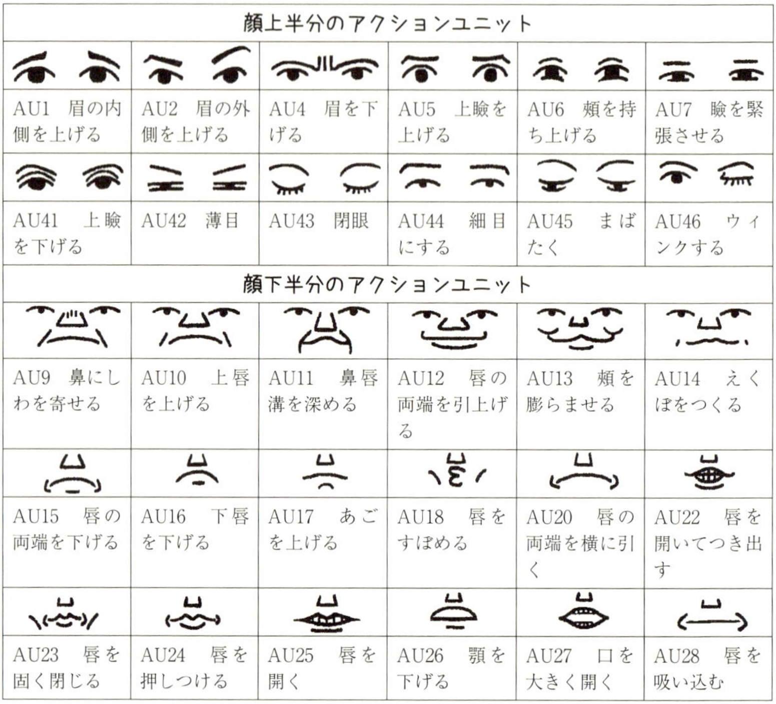

| | | | | | |
|---|---|---|---|---|---|
| 顔上半分のアクションユニット | | | | | |
| AU1 眉の内側を上げる | AU2 眉の外側を上げる | AU4 眉を下げる | AU5 上瞼を上げる | AU6 頬を持ち上げる | AU7 瞼を緊張させる |
| AU41 上瞼を下げる | AU42 薄目 | AU43 閉眼 | AU44 細目にする | AU45 まばたく | AU46 ウィンクする |
| 顔下半分のアクションユニット | | | | | |
| AU9 鼻にしわを寄せる | AU10 上唇を上げる | AU11 鼻唇溝を深める | AU12 唇の両端を引上げる | AU13 頬を膨らませる | AU14 えくぼをつくる |
| AU15 唇の両端を下げる | AU16 下唇を下げる | AU17 あごを上げる | AU18 唇をすぼめる | AU20 唇の両端を横に引く | AU22 唇を開いてつき出す |
| AU23 唇を固く閉じる | AU24 唇を押しつける | AU25 唇を開く | AU26 顎を下げる | AU27 口を大きく開く | AU28 唇を吸い込む |

（出所） Tian et al., 2011 より作成。

ユニット（動作単位）を定義した（図 8.1）。たとえば AU1（アクションユニットの 1 番）は「眉の内側を上げる」といった動きであり，この動きは「悲しみ」の表情を記述する際に必要となる。

このような動きのリストによって定義される表情の記述システム全体を，エクマンは FACS（ファックス：facial action coding system）とよんだ。たとえば悲しみの表情なら「AU1＋AU4＋AU15」，驚きの表情であれば「AU1＋AU2＋AU5＋AU26」といった具合に記述する。6 つの表情がそれぞれどのアクショ

note

★ エクマンは，FACS のシステムを整備し，現在では，表情の読み取りおよび表出のための資格認定なども行っている。2009 年には主人公のモデルがエクマンである『ライ・トゥ・ミー――嘘の瞬間』というテレビドラマが放送されるなど，アメリカではこの考えは心理学分野を越えて，広く社会に共有されている。

ン・ユニットの動きの組み合わせに対応しているかが1つに決まっているわけではなく，あくまでこのアクション・ユニットを使えば，どのような表情であれ，ほぼ記述できるという点に特徴がある。

これらの主張は「顔面の表出」に関するものであるが，エクマンとその共同研究者のW. V. フリーセンは，1970年代に西洋文明が及ばない文化圏においても，表情の認知が西洋文明圏と同様に可能であることを実験により示した。つまり，40あまりの動作単位によって定義された6つの感情の表出の顔写真を用い，当時非西洋文明圏として研究の対象となっていたパプアニューギニアで調査を行ったのである。

調査では，単語と顔写真との照合課題が課せられたが，場合によっては単語ではなく簡単な物語が用いられることもあった。たとえば「獲物を取り逃がして悲しい」といったお話である。

実験の結果，ニューギニアにおいても，顔写真と感情語との対応が確認された。つまり，西洋文明圏に流通するテレビや映画を見たことがない人であっても，西洋文明圏と同様に，悲しいときは眉の内側を上げるし，うれしいときは口角を上にあげる，ということがわかったのである。

こうした事実から，表情とは，基本的にはヒトという生物に生まれつき備わっているものであり，その表出と認知のパターンは，文化によらず普遍的であるとの主張がなされるようになった。

### 感情を読み取るには文脈も大事

エクマンの考え方によれば，顔の動きと感情とは明確な対応関係があり，顔の動きとは，感情を伝達しようとする際の媒体なのだということになる。この考え方の基礎には，メッセージが媒体にコーディング（符号化）され，その媒体が解読されることでメッセージが受け取られるとするコミュニケーション論の考えがある。

一方，このコミュニケーション論を批判して，メッセージの解読においてそれまでの経緯や環境などの文脈情報を重視する立場もある。テキストの読み取りには，テキストとテキストに書かれていないコンテキスト（文脈）が重要というわけだ。この立場によれば，そもそも感情と顔の動きに対応関係はなく，むしろ，顔を動かしているのはもっと別の要因ということになる。

一貫してエクマンを批判しているアメリカの心理学者 J. A. ラッセルは，日常における表情と感情には明確な関係がないということを繰り返し述べている。たとえば，テニスの試合でポイントを取った際，プレーヤーはどのような顔をするだろうか。あるいは逆にポイントを失った際にはどうだろう。前者は明らかに幸福の感情を感じているだろうし，後者はそうでないだろう。したがって，仮にエクマンの考えが正しければ，ポイントを獲得した際の顔は「幸福顔」すなわち笑顔を表出しているだろうし，ポイントを失った際には，笑顔とは似ても似つかない顔になっているはずである。なぜなら，表情とは，感情を伝達するための媒体だからである。

結果はエクマンの考えを反証するものだった。テニスプレーヤーのポイントを獲得した際の表情と失ったときの表情は，ほとんど同じで区別がつかなかったのである。実験的に顔のみを抜き出し，「この表情はポイントを獲得したときか失ったときか」と実験参加者に質問しても，まったく区別がつかなかった。これも当然かもしれないが，もし写真を体全体にしてみると，この区別は容易になる。ポイントを獲得している際にはメダルや花束，ガッツポーズなど，勝利に関わる他の手がかりが得られるからだ。つまり表情がもし心の中にある感情と関係があるとしても，その解読には顔だけでなく，そのまわりの文脈情報も必要だということになるだろう。

顔だけを取り出すとポイントを獲得したときか，失ったときかの区別がつかない

ポイントを獲得したとき

エクマン自身も，表情がどのような場面で表出されるかというルールを，表示規則（display rule）とよんで，基本6感情の拡張を行っている。確かに，感情と顔の動きの対応関係は，ある程度は固定されているのだろう。そして，どのような場面でどの表情が表出されるのかは，文化によって異なるのかもしれない。感情の心理学は，エクマンらの先駆的研究を経て，ようやく始まったといってもいい段階なのである。

### 感情の地図

エクマンの感情研究は網羅的ではあるが構造的ではない。つまり「感情は6つあります」といっても，この6つの感情の関係がどうなっているのかがわからない。また，6つの表情は等価ではなく，互いに似たものもあるし，他の表情とははっきりと違ったものもあるのではないか。たとえばこの6つの表情のうち，笑顔は他の5つと明らかに違うようにも見えるし，怒りと嫌悪はとても似ているようにも見える。では，これらの6つの関係をまとめて記述する概念はないのだろうか。

実はエクマンによる1970年代の研究の前に，アメリカの心理学者H. シュロスバーグが，すでに50年代に感情の次元を記述する研究を行っている。シュロスバーグは俳優によって演技された100枚近い表情写真を用い，どの写真どうしが似ているのかを実験参加者に問い，このデータを統計的に分析することで表情を記述する2つの次元を発見した。その2つとは，「快－不快の次元」「覚醒－睡眠の次元」であった。後者は，初期の頃は「注目－拒否」の次元とよばれていたが，その後の多くの同様の研究により，現在ではこの2つの次元が用いられることが多い。

表情を次元でとらえることにより，すべての表情は空間のどこかに位置されることになる。たとえば幸福は「快」の値が最も高く，「覚醒」は高くも低くもない。また，悲しみは「覚醒」は低いが「不快」が高く，怒りは同様に「不快」は高いが，悲しみとは逆に「覚醒」が高いということになる。さらに驚きは「覚醒」が最大であるが，「快」でも「不快」でもない。このようにさまざまな表情をこの2次元に配置すると円環状になるため，この円環を「シュロスバーグの円環」とよぶ。

CHART 図 8.2　表情の円環図

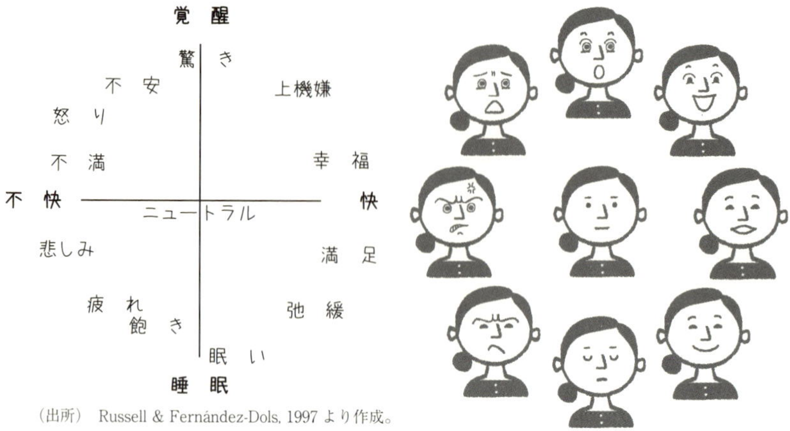


（出所）　Russell & Fernández-Dols, 1997 より作成。

感情は快－不快と覚醒－睡眠の 2 つの次元で表すことができる

表情を感情の 2 次元に配置してみる

現代では，このシュロスバーグの円環をもとに，よりわかりやすく整理された表情の円環配置の図が提案されている。たとえばエクマンの表情研究を批判的に検討しているラッセルは，**図 8.2** のような表情の円環図を提案している。

表情だけでなく感情そのものを記述する次元について，質問紙を用いて感情語を判断するやり方や，表情の写真を用いた実験心理学的な方法など，多様な方法によって検討されているが，いずれも最も重要な次元として「快－不快」を発見している点では共通している。2 番目の次元についても，「覚醒」など，何らかの意味での「強度」を発見しているという点で共通している。

ヒトにとって表情とは，まず「快」か「不快」か，という判断がなされるべきものであり，その次に「その強さ，たとえば覚醒度」が判断されるものだということになる。おそらくこの 2 種類の情報こそが，人間どうしのコミュニケーションにおいて重要な情報なのだろう。目の前の人が「いいと思っているのか悪いと思っているのか」ということ，そして，その強さ，反応の緊急度はどの程度なのか，ということ。「人の顔色をうかがう」という言葉があるが，この「色」とは，まさに「快－不快」の情報のことなのかもしれない。

POINT

- □ 1 感情の研究は，実験室での再現が難しいため，実際には表情の研究を通して検討されてきた。
- □ 2 アメリカの心理学者エクマンは，基本６感情をリストアップし，これが文化を越えて普遍的であるとの主張を行った。
- □ 3 表情は快－不快の次元と，覚醒－睡眠の次元の２つの次元で記述することができる。

# 3 感情のもつ役割

何かを達成できたときや，美味しいものを食べたときはうれしい。人に馬鹿にされれば腹が立つし，急にお化けが出てきたら怖い。当たり前のことのように思えるが，こうした感情は何のためにあるのだろうか。ここでは，感情のもつ特徴と役割について考えてみよう。

## 気分一致効果──気分と認知

よく晴れた日には，なんだか気分がいい。気分がいいと，周りの世界も違って見える。普段は気づかなかったが，いつの間にか美味しそうなケーキ屋さんがオープンしているのを見つけた。反対に，雨の日は憂鬱だ。着ていくはずの服にシワがよっているのが気になる。なんとなく，何もかもがうまくいっていないような気さえしてきてしまう。

このように，人は，自分では気づかないけれど，気分（mood）や情動（emotion）に認知が影響されてしまうことがある（心理学では，「気分」は比較的弱く持続的な感情，「情動」はより強く短期的な感情を示す）。その現象の１つに，気分一致効果（mood congruency effect）とよばれるものがある。ポジティブな気分のときにはポジティブなものを見つけやすく，ネガティブな気分のときにはネガティブなものが目につきやすい。また，ポジティブな気分のときに覚えたものは，ポジティブな気分のときに思い出しやすく，逆にネガティブな気分のときに覚えたものは，ネガティブな気分のときに思い出しやすい（このことを特に状態依存記憶〔mood-state dependent memory〕という）。ショッピングモールで試供品をもらって気分がよくなっている人は，そのとき自分がもっている車などの持ち物に対する満足度が高いし，ポジティブな気分の人は生活満足度が高く，他者の評価も好意的だという。しかしよく考えてみると，試供品をもらったことと自分がもっている物への評価の間にはまったく合理的な関係はない。本来無関係のはずなのにもかかわらず，気分が「糊（のり）」のような役目を果たし，関係ないはずのものどうしを結びつけてしまうため，このような効果が生じると考えられている。

ただし，必ずしも気分一致効果が見られないこともある。もし，自分の気分や，天気がよいとか試供品をもらったことに注意を向けると，気分一致効果は生じないか，弱いものになる。また，ネガティブな気分のときにネガティブなものにばかり目を向けてしまうと，ネガティブな気分がより強くなってしまうかもしれない。それは精神の健康上よいことではないため，ネガティブな気分のときにポジティブなものに目を向けやすくなるという「ポジティブ－ネガティブ非対称現象」が見られることもある。気分が鬱々としているときにあえて明るい色の服を着たり，アップテンポで元気な曲を聴きたくなったりするのも，気持ちのバランスをとるための無意識の戦略なのではないかと考えられる。

## ネガティビティ・バイアス――感情と注意

ある日授業を受けていると，教室に突然，男が入ってきた。手には大きなナイフを持っている。教室内はざわつくが，男は何もせずそのまま出ていく。一連の流れは強く印象には残るが，男の顔を思い出そうとすると，なかなか思い出せない。手に持っていたナイフに気を取られてしまい，顔の記憶が妨害されてしまうのである。これを凶器効果という。

この例のように，人の記憶はあいまいであり，感情に大きく左右されることがある。特に，ネガティブな感情は対象の認知や記憶に影響を与えやすいことがわかっている。たとえば蛇や虫などネガティブな意味合いをもつものは，花などポジティブな意味合いをもつものに比べて，早く見つけることができる。

なぜ，感情は認知や記憶に影響するのだろうか。その理由の1つとして，人の進化と関係があるのではないかと考えられている。視界の中で，自分に危害を及ぼすものを素早く見つけることができれば，それだけ生き残る確率を上げることができる。そのため，蛇や虫など自分に害になりそうなネガティブなものを素早く検出する能力が備わったと考えられている。

また，弱い感情状態である「気分」は，自分が置かれている状況がどのようなものかを知らせる役割があると考えられている（Schwarz, 1990）。ネガティブな気分のときは，環境に問題があることを示すため，分析的で詳細な情報処理がなされる。一方，ポジティブな気分は環境が安全であることを示すため，そこまで細かく分析する必要はなく，大まかでヒューリスティック的な情報処理がなされ，創造的な問題解決行動がとられるとされている。たとえば使ったことのない装置を使うときに，気分がよいときはあれこれ試しながら正しい使い方を見つけることができるが，なんとなく気分が落ち込んでいるときは視野が狭くなり，1つのやり方にこだわってしまってなかなか正しい使い方にたどり着けない可能性が高い。

対人的な判断についても，ネガティブな情報に引っ張られてしまう，ネガティビティ・バイアスが見られる。ある人について，よい情報とよくない情報が提示されたときには，よくない情報のほうに重みのかかった印象を形成する傾向がある。たとえば「A 君は落し物を拾って交番に届けたことがある」「A 君は電車でお年寄りに席を譲らなかった」という2つの情報を聞いたときに，A 君はいい人だという印象よりも，あまりいい人ではないという印象を受ける人が多いかもしれない。このことも，自分にとって少しでも害になりそうな人を見つけて自分の身を守るという意味では適応的である。

このように，人は感情があることで，社会の中でうまく生きていくことができるようになってきたのかもしれない。

### 単純接触効果——経験と評価

「あのミュージシャンは昔の曲のほうがよかったなあ。最近の曲はイマイチだな」と思ったことはないだろうか。もしかしたら実際に曲の質が落ちているのかもしれない。しかし，曲の質は落ちていないにもかかわらず，何度も繰り返し聴いた曲のほうが，はじめて聴く曲に比べていいと感じる可能性はある。先に述べたように，楽しいときに聴いた音楽には，楽しい気分が結びつき，そ

## Column ⑬ 感情の脳科学

脳の中で感情に関連している場所はどこだろうか？

感情の中枢として，扁桃体が関係していることを示す研究はいくつかある。たとえば，両側の扁桃体が損傷してしまうと，他人の表情の違いがわからなくなる（Adolphs et al., 1994）。扁桃体は皮質と脳幹の間にある辺縁系とよばれる場所に位置しており，この系全体が感情や記憶に関係していることは古くからよくいわれていることであった。

しかし，1990 年代後半に fMRI を用いた脳活動計測（⇨**Column ⑧**）が一般化すると，対人関係に関わるさまざまな感情の研究結果として，くりかえし同じ脳部位が登場する。そんな研究の 1 つを紹介してみよう。

研究では，入念なシナリオを用意してあなたの架空の属性を設定し，性別や所属が異なるさまざまな属性をもつ（実験では 3 人の）友人を設定する。このシナリオを実験前に読み込んでおいてもらい，シナリオに新しい情報を加えて呈示して，その際の脳活動を計測したのである（Takahashi et al., 2009）。

たとえば，以下は，実際に（男子学生を対象にした）研究に用いられたシナリオの一部である。

> あなたは大学の理系学部の学生で，国際的な IT 企業に就職したいと考えている。成績は中ぐらいで，サークルで野球をやっているがレギュラーではない。
>
> あなたには男性の友人と女性の友人がいる。男性の友人は，あなたと同じ高校出身で同じ学部，同じサークルに入っている。彼は成績も優秀で野球もレギュラーだ。おまけに美人の恋人がいてみんなからも人気もある。ちなみにあなたには恋人もいない。
>
> 一方，女性の友人は文学部に所属していてやはり成績優秀，サークルはバレー部に所属していてチームのエースアタッカーだ。男子学生にも人気がある。

あなたがこの主人公の学生なら，シナリオの男性の友人と女性の友人，どちらをうらやましく思うだろうか。人の生き方はそれぞれ，特にうらやましく思わない，というよくできた人もいるだろう。しかし研究によれば，人は自分と関連性が高い人が自分より多くのものをもっているとき，うらやましく思うということがわかっている。その際，脳の中でも前帯状回（⇨図 **4.7**）とよばれる前頭葉の左右の溝の内側の部分が活動することが，fMRI の研究により判明した（Takahashi et al., 2007）。しかも，より強くうらやましいという感情が起こるケースで，より強い前帯状回の活動が見られたのである。

興味深いのは，このうらやましいと思う友人が何かしら失敗したとの情報を呈示されたときの脳活動である。たとえば，成績優秀だと思われたその友人が，「試験で不正をしたとの濡れ衣を着せられた」との情報が呈示されたとする。そのとき，出身高校，所属する大学の学部，入っているサークル，が同じである平均的な成績のあなたはどう感じるだろうか。あまり人にはいえないかもしれない「しめしめ」といった感情を感じるのではないか。

このような他人の不幸や失敗を喜ぶ感情のことを「シャーデンフロイデ」とよび，心理学ではさまざまな研究がなされているが，先の fMRI を用いた研究によれば，今度は腹側線条体（⇨図 **4.7**）とよばれる皮質の下に隠された部分が活動することがわかったのである。

「うらやましい」という感情や「しめしめ」といった感情は，複雑な要素で成り立っている。そもそもうらやましくなければ，「他人の不幸が蜜の味」にはならないだろう。前帯状回や腹側線条体といった脳の活動が，こうした複雑な感情のどの要素に対応しているかを知るには，さらなる研究が必要である。とはいえ，日常的にみなさんが体験するありふれた，しかし人間的な感情の数々が，fMRI の発明により研究できるようになってきたのである。脳科学的な説明が世に多く流通するようになったのも，こうした基礎研究の積み重ねの上にあることを忘れてはならないだろう。

の音楽を聴くと楽しい気分が蘇ってくるということもあるかもしれない。しかし，そのような気分との結びつきがなくても，単に繰り返し接触することが評価に影響することがある。

人は繰り返し接したものに対して，はじめて接するものに比べて好ましいと感じる傾向がある。これを**単純接触効果**（mere exposure effect）という。音楽に限らず，人物や絵，文字や匂いや味などさまざまな対象について生じることがわかっている。しかも，非常に短い時間のみ接触させ，本人が繰り返し見たり聞いたりしたことに気づいていない場合にも生じる。これを「閾下単純接触効果」という。

単純接触効果はなぜ生じるのだろうか。いくつかの説があるが，「処理の流(りゅう)

畅性」(processing fluency) が関係しているという説が有力である。何度も見た対象は，見たことのない対象に比べて処理がスムーズになされる。このスムーズさが，心地よさを生み，好意的な評価につながるという考え方である。また，何度も接触しているということは，その対象が有害ではないことを示すため，ポジティブな評価につながるという考え方もある。

## まとめ

ここまで見てきたように，感情や気分は認知や記憶に影響する。感情を判断や評価の材料として利用してしまうため，気分がいいときにはよりポジティブな判断や評価をしてしまうし，逆に気分が落ち込んでいるときには物事に対してもネガティブな判断をしてしまう可能性が高い。人は社会の中でうまく生きていくために，このような感情の働きによって，精神的な健康を守ろうとしてきたのかもしれない。

**POINT**

- □ 1 感情や気分は認知や記憶に影響する。
- □ 2 ネガティブな気分のときはより細かいところに注意がいき，分析的になる。

## 引用・参考文献　Reference ●


Adolphs, R., Tranel, D., Damasio, H., & Damasio, A. (1994) Impaired recognition of emotion in facial expressions following bilateral damage to the human amygdala. *Nature*, 372, 669-672.

Russell, J. A. & Fernández-Dols, J. M. (Eds.) (1997) *The Psychology of Facial Expression*. Cambridge University Press.

Takahashi, H., Kato, M., Matsuura, M., Mobbs, D., Suhara, T., & Okubo, Y. (2009) When your gain is my pain and your pain is my gain: Neural correlates of envy and schadenfreude. *Science*, 323, 937-939.

Schwarz, N. (1990) Feelings as information: Informational and motivational functions of affective states. in E. T. Higgins & R. Sorrentino (Eds.), *Handbook of Motivation and Cognition: Foundations of Social Behavior*, Vol. 2. Guilford Press.

Tian, Y., Kanade, T. & Cohn, J. F. (2011) Facial Expression Recognition. In S. Z. Li & A. Jain (Eds.), *Handbook of Face Recognition*. Springer-Verlag London.

CHAPTER

第9章

# いい人？ 悪い人？

## 社会心理学

WHITEBOARD

**人の印象はどのように形づくられるのか？**

- 行動から推測
  - いいことをした人はいい人：**内的帰属**
  - いい行動はその人の性格以外の原因による：**外的帰属**
- その人が属する集団によるステレオタイプ
  （シンプルな情報処理）
- 外見から判断

**文化により知覚・認知が異なる**

- 西洋 vs 東洋
  （相互独立的自己観）（相互協調的自己観）
- 言葉の影響：サピア＝ウォーフ仮説

KEYWORDS

印象形成　特性推論　内的帰属　外的帰属　対応バイアス　ステレオタイプ　カテゴリー　偏見　差別　利用可能性ヒューリスティック　錯誤相関　同化　対比　外集団　外集団均質性効果　内集団　内集団バイアス（内集団ひいき）　自己観　ニスベット　文化差　サピア＝ウォーフ仮説　カテゴリカル色知覚

# 1 自分が優しそうと思う人は，他の人にとっても優しそうに見えるのか

友人の中で，優しそうな人を１人思い浮かべてみてほしい。あなたが思い浮かべた人は，他の人から見てもやはり優しそうに見えるだろうか。それとも，その人が優しそうだと思っているのはあなただけで，他の人から見ると怖い人に見えているということはあるのだろうか。

「優しそう」だとか「怖そう」といった人物の印象がどのように形成されるかは，社会心理学の中でも中心的なテーマで，古くから研究が行われてきた。それではどのような仕組みで印象が形づくられるのか，見ていくことにしよう。

## 行動に基づく特性推論

人のことを表現するときには，「優しい人」「楽しい人」のように，特性を表す言葉を用いることが多い。しかし，実際には「優しい」行動自体が存在するわけではない。実際に目に見えるのはたとえば「重い荷物を持ってくれた」「丁寧に勉強を教えてくれた」というような具体的な行動であり，そこからその行動をとった人を「優しい人」だと解釈する。このように，人は周りの人物について，行動などに基づきその人がどんな人かを推測する（特性推論）。

人の行動の理由についての解釈は主に２通りある。たとえばＡさんの友人Ｂ君が，Ａさんの荷物を持ってくれたとする。このとき，Ｂ君が荷物を持ってくれたのは彼がもともと優しい人間だからかもしれない。このように，行動の原因をその人の性格や属性などにあると考えることを内的帰属（internal attribution）という。一方，Ｂ君が重い荷物を持ってくれたのは，Ｂ君が優しいか

らというよりも，周りの人の目が気になったからだとも考えられる。このように，行動の原因を，本人の性質ではなく，周りの状況などの要因にあるとみなすことを外的帰属（external attribution）という。

同じ人でも状況によってふるまい方は変わるし，必ずしも行動はその人の性質によって生じるとは限らないが，私たちは，行動をその人の性質と対応するものと思い込んでしまうことがある。これを対応バイアスという。状況の要因を考慮しなくてはならないにもかかわらず，十分に状況の要因を考慮できない場合，私たちは他者を誤って評価してしまうことになる。

人の印象を決定づけるのは，その人個人のもつ特徴だけではない。どのような印象が形づくられるかは，見る側がどのような状態にあるかによっても影響される。たとえば自分がネガティブな気分のときには，相手に対して比較的ネガティブな印象，ポジティブな気分のときにはよりポジティブな印象を形成する（⇨第**8**章）。また，どのような目的で相手の情報を処理しようとするかによっても，異なる印象が形成される。単に相手のことを記憶しようとするよりも，相手の印象を形成しようとする場合のほうが，情報どうしを関連づけてまとまりのある印象が形成される。また，印象を形成した場合のほうが，単に記憶しようとした場合に比べて後から思い出しやすい。

そう考えると，人の印象はいろいろな要因で変わってしまう，あいまいなもののように思われる。しかし，複数の人がある程度共通して，同じ人に同じような印象をいだくことはあるだろう。どうしてそのようなことが起こるのだろうか。そういった印象は，どこからくるのだろうか。

## ステレオタイプ

看護師は献身的で，優しく，芯が強いというイメージがあるらしい。しかし，実際に看護師全員がそういった特性をもっているとは限らない。このように，特定の社会的集団に関する知識，信念，期待によって構成された知識構造をステレオタイプ（stereotype）という。人は似たものどうしをまとめてカテゴリーとして分類することで，効率よく情報を処理することができる。ある人が男性か女性か，日本人か外国人かなど，ざっくりと分類することで，すばやくその人の性格などについて推測し，どう対応するかを判断することができる。

人の印象を判断するということに関しては，大きく分けると，主に２通りの印象のつくり方があるとされる。１つは職業や性別などのカテゴリーに基づく印象，もう１つは個々の行動やエピソードから積み上げていく印象である。カテゴリーに基づいて印象を形づくることは，簡単で認知的な負担もなくすぐにできるが，偏見をもたらすこともある。一方，個々の行動などに基づく印象形成は，より認知的な努力が必要で，じっくり考えて処理を行う。対象となる人物にあまり興味がなく，丁寧に印象形成する必要がない場合，カテゴリーに基づく印象形成をしがちである。反対に正確な印象形成をしようという気持ちがある場合は，個人の行動などから個別の印象を形成しようとする。

印象形成に限らず，何かを判断しようとするときには，意識的によく考えるというプロセスと，直感的なプロセスが存在するとされている。直感的なプロセスはより自動的に処理が進行する。

ステレオタイプは，社会心理学の中でも重要なテーマの１つとされる。便利な側面もあるが，よくないことを引き起こすこともある。たとえば，女性は男性よりも数学が苦手だと多くの人が思っているとする。こうしたステレオタイプを意識してしまうと，実際に女性の数学の成績が低下してしまうという現象が起こる。ステレオタイプに好き・嫌いなどの感情的な要素が加わると，偏見となる。偏見が行動として現れたものが差別とよばれる。ステレオタイプを解消することは困難かもしれないが，少なくともどのようなステレオタイプがあるのかを知り，どのような影響が予測されるかを理解することで，ステレオタイプの悪影響を軽減することができるかもしれない。

人は簡単に情報処理をしようとして，さまざまな間違いを犯すことがある。そのことが，ステレオタイプ的な信念のもとになると考えられている。１つの例として，利用可能性ヒューリスティック（availability heuristic）に基づくものがある。人は目立つことや思い出しやすいことは，実際よりもよく起こると錯覚してしまう。たとえば，ある有名大学の学生がある罪を犯してしまったとする。そうすると，「あの大学はその罪を犯す人が多い」と判断されてしまう。この現象を錯誤相関という。たとえその犯罪を行う確率が他の大学の学生と同じくらいだったとしても，その大学のネームバリューと影響力の大きさなどが働き，その集団と特定の行動との間に相関があると錯覚してしまうのである。

また，カテゴリー化を行うことにより，情報処理の労力は節約されるが，似たものどうしを混同しやすくもなる。先の例でいえば，「看護師」というカテゴリーに対するイメージから，同じ「看護師」というカテゴリーに属する人どうしは似たような特性（献身的，優しいなど）をもつと考えがちになる（同化）。また，カテゴリー間の差異を強調しすぎてしまうこと（対比）も起こる。人を集団や社会的カテゴリーで括って見る場合，カテゴリー内同化とカテゴリー間対比が起こり，「看護師はみな献身的だ」というような，画一的な見方をしてしまう。カテゴリー内の混同は，自分が属する以外の集団（外集団）に対して起こりやすい（外集団均質性効果）。これにより，自分が属する集団（内集団）のメンバーについては個人の差異がはっきりして見えるのに，外集団のメンバーについては互いの類似性や典型的な属性が目につくことになる。

人は，客観的に見れば優劣のない集団どうしであったとしても，内集団のほうが優れていると評価したり，外集団のメンバーの望ましくない行動はよく記憶しているが，内集団のメンバーにとって都合の悪いことは忘れてしまったりする。この傾向を，内集団バイアス（in-group bias），あるいは内集団ひいき（in-group favoritism）という。このようなバイアスは，初対面の人どうしで構成された集団で，互いのコミュニケーションなども制限されたような状況下でも起こる。

以上のような，ステレオタイプやバイアスは，他者に対する評価や行動に影響する。時には差別や偏見を生み，他者を傷つけてしまうこともあるかもしれない。ステレオタイプが生じるメカニズムや行動への影響などを明らかにすることにより，差別や偏見を低減することが重要な課題となる。

## 顔に基づく印象判断

ここまで，印象について主に行動や性格に注目してきたが，人の第一印象の大部分は見た目で決まるといってよいだろう。人間にとって，顔は非常に重要な意味をもっている。生まれて間もない乳児さえ，顔を認識できるという報告もある。しかし，古典的な印象形成の研究では，顔などの視覚的情報は除外されていた。つまり，対象となる人物の行動や属性などの情報のみから形成される印象のみを扱っていたのである。その後，認知心理学の考え方が社会心理学に取り入れられるようになったのに伴い，徐々に視覚的情報も考慮されるようになった。さらに近年では，コンピュータ・グラフィクスの発展により，顔の物理情報を操作することで，特定の印象をつくりだすといった研究も見られるようになった。

A. トドロフたちは，顔の印象が社会的判断に及ぼす影響を検討している。その結果，顔から判断される「能力」(その人がどれくらい有能そうか) の印象が選挙での投票という社会的行動に影響することを明らかにした (Todorov et al., 2005)。また，そうした社会的判断などに影響するような主な印象と対応する顔の特徴についても，コンピュータ・グラフィクスを利用して明らかにしている。その後の研究で，乳幼児も顔から印象 (あるいはその手がかり) を知覚している可能性が示されている。

また，魅力的な見た目の人は，さまざまな恩恵を受けることがある。たとえば，学校に提出するレポートに，そのレポートを書いた人の写真として外見的魅力の高い人の写真をつけたときと，そうでない写真をつけたときではそのレポートの評価が変わってしまうという研究報告もある。しかし，よいことばかりではない。たとえば，結婚詐欺などの罪を犯した人が，外見的魅力の高い人である場合のほうが，そうでない場合に比べて刑が重くなる傾向にあるという。本当なら見た目とその人の能力や行動との間には直接の関係は保証されないはずなのに，人は見た目からその人の中身を推測してしまう傾向にあるようだ。

以上まとめると，人の印象を形成する際にはさまざまな要因が絡み合っている。対象となる人物のもつ属性や行動などの情報だけでなく，そのときの気分など印象判断を行う側の要因も関わってくるのである。また，特定の集団に属する人は特定の性質をもっているはずだと思われることも多く，また，顔の物理的な特徴が特定の印象と結びつくこともわかってきている。したがって，印象のある部分は多くの人に共通で，あなたが優しい感じの人だと思った人は，他の人から見ても優しい感じの人だと判断される可能性が高い。また，顔から判断された印象は社会的判断にも影響することがわかってきた。人物の印象はあいまいで主観的なものと思われがちだが，実は人の行動や社会のあり方にとても大きな影響を及ぼしている。ただし，顔から判断された印象はその人の内面を正確に表すものとは限らないので，注意が必要である。

POINT

- □ 1　その人の属するカテゴリー情報を利用すると，素早く人物の印象を形成できるが，正確さに欠ける。
- □ 2　顔から判断される印象はある程度共有される。

# 2 文化が違っても見るものは同じか

地球には数多くの国があり，たくさんの人々が生活している。国や文化が違っても，みな同じ人類である。だが，本当に「みな同じ」だろうか。アメリカのアニメやドラマを見ていると，俳優の顔の動きの多彩さに驚かされることがある。それに比べると，日本人の顔はあまり大きな動きを見せないように見える。表情には「表示規則」がある（⇨第**8**章）。喜びや怒りなど，人がもっている基本的な感情は国や地域を問わず共通していても，感情を表に出す際のルールが異なれば，異なる表情が表出されることもある。

異なるのは表情だけではない。同じものを見ていても，知覚や認知の仕方が異なるとしたらどうだろう。

## 相互独立的自己観・相互協調的自己観

アメリカ人は個人主義的で，日本人は集団主義的であるという言い方をされることがある。

H. R. マーカスと北山忍は，西洋では相互独立的な自己観（independent self）が，東洋では相互協調的な自己観（interdependent self）が優勢であると主張した（Markus & Kitayama, 1991）。つまり，西洋の人たちは自分自身を周りの人とは独立した存在としてとらえるが，アジアの人たちは自分自身を周りと関連づけてとらえているらしい。たとえば「あなた自身について教えてください」と聞くと，西洋の人は「私は料理がうまい」「私は気が強い」のように，独立した個人としての自分を述べるのに対し，アジアの人は「私は○○大学の学生だ」「私は日本人だ」のように，周囲の状況や他者との関連で自分について述べる傾向がある。したがって，自己の定義も，人間関係など，状況や他者の性質によって大きく異なる。

R. E. ニスベットは，認知や思考の仕方の文化差に関するモデルを提案した。彼によれば，東洋人のものの見方は包括的であり，人や物などの対象を認識する際にその対象だけでなく，「場」全体に注意を払い，対象と場の要素との関係を重視する。一方，西洋人は分析的であり，対象そのものの属性に注意を向け，カテゴリーに分類することによって対象を理解しようとするという。この考え方によれば，たとえば日本人がモナリザの絵を見るときには，描かれた女性だけでなく背景や全体的な雰囲気にも目を向けるのに対し，アメリカ人は描かれた女性がどんな人物かを分析する傾向にあると考えられる。

以上のように，文化的な環境が知覚や認知様式に影響を与えていることがわかってきた。普段私たちは日本人もアメリカ人も基本的なものの見方は同じだろうと思いがちだが，実はいろいろな所で見方や考え方に違いがある可能性がある。もしかすると，こうした知覚や認知の様式の違いが，異文化間コミュニケーションの難しさにもつながるのかもしれない。

## 言語・文化相対性

言語が人の知覚・認知に影響を与えることがある。サピア＝ウォーフ仮説とよばれ，古くから検証が行われてきている。たとえば，色の知覚がわかりやすい。虹は何色（なんしょく）だろうか。日本人の多くは，「7色」と答えるだろう。アメリカ人もそうかもしれない。だが，ニューギニアではそうではない。ニューギニアのダニ族は，「明るい」と「暗い」という2つの色の名前しかもたないため，虹を見ても「2色」としか答えようがないだろう。しかし，本当に赤や青といった色の区別ができていないわけではない。色の名前はもたなくても，色の区別自体はできるのである。特に，色を覚えるときに，鮮やかな赤や青といった典型色の場合のほうが，エメラルドグリーンのような非典型色の場合よりも成績が高かった。つまり，ダニ族は色の名前はもたないものの，典型色に基づく基本的な色のカテゴリーを認識できることになる。この結果は，色の認識が言語によらず普遍的であることを示し，サピア＝ウォーフ仮説の反証となる。

先ほど人の印象判断での「カテゴリー化」について述べたが，色についても同じようなことが起こる。別のカテゴリーに属する色どうしは違いがより大き

## Column⑭ 認知的傾向の文化差

増田とニスベット（Masuda & Nisbett, 2001）は，日本人とアメリカ人を対象に，同じ画像を見る際にどの程度状況的な要因に注意を向けるかに関して文化差があるかを調べた。実験では水中の様子を描いた動画を見せた後で，何を見たかを説明させた。その結果，海草などの背景情報に注目した回答や，魚と背景情報との間の関係性についての回答は日本人に多く見られた。一方アメリカ人は中央にいる魚に注目し，細かく描写した。また，どのくらいその画像を覚えているかのテストを行ったところ，日本人は最初に見たときと同じ背景で呈示されたときに成績が高く，異なる背景で呈示されると成績が低くなった。つまり，日本人はある事物を処理する際に，その背景と結びつけて知覚する傾向が高いことを示す。一方，アメリカ人の成績は，背景の変化による差が見られなかった。つまり，アメリカ人は対象となる事物を背景と切り離して知覚する傾向があることを示す。

北山ら（Kitayama et al., 2003）は，簡単な課題を使用して，注意配分に関する文化差を示した。実験の参加者は，ある大きさの正方形の上部中央から垂直に線が引かれている図形を見せられた後，大きさの異なる正方形の紙を呈示され，そこに最初に見たものと同じ長さの線を引くか（絶対課題），または，最初の図形のときと，正方形の一辺に対する比率が同じになるように線を引く（相対課題）ように求められた。前者では文脈情報を無視する能力が必要とされるが，相対課題では文脈情報を考慮に入れる能力が必要とされる。日本に在住する日本人は相対課題のほうが成績がよく，アメリカ在住のアメリカ人は絶対課題のほうが成績がよかった。また，アメリカ在住の日本人と，日本在住のアメリカ人の結果は，日本在住の日本人とアメリカ在住のアメリカ人の中間となった。

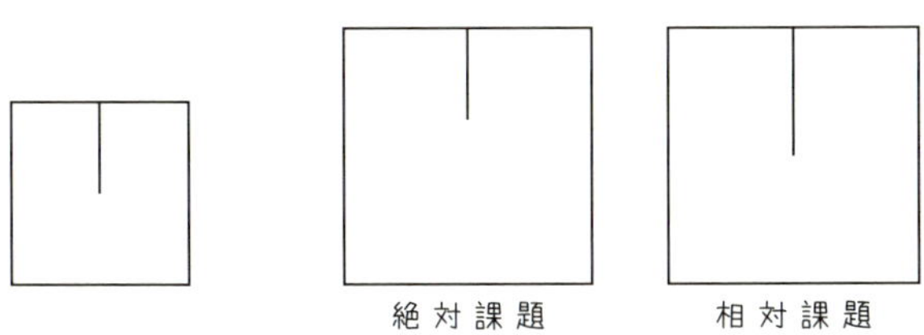

く判断され，同じカテゴリーに属する色どうしは似て見える。したがって，同じカテゴリーの色どうしを区別するより，異なるカテゴリーの色どうしを区別するほうが速い。これを**カテゴリカル色知覚**という。たとえば青と緑は，2種類の緑どうしよりも区別がしやすい。たとえその青と緑の違いが，緑1と緑2の違いと同じくらいであったとしても，カテゴリーをまたいだほうがよりはっきりと違って見える。このカテゴリカル色知覚は赤ちゃんでも起こることがわかっているが，乳児（4カ月，6カ月）では脳の右半球優位であるのに対し，成人では言語処理に関わるとされる左半球優位であるとされている。したがって，大人のカテゴリカル色知覚は言語に媒介されている可能性がある。

ロシア語では，濃い青と薄い青を異なる単語で表現する。つまり，それぞれ別のカテゴリーをもっている。J. ウィナワーらは上に1個，その下に2個の四角形を配置して，2個のうちどちらが上の四角形と同じ色かを答える課題を行った。実験では，ロシア語話者と英語話者を対象にして，2個の四角形の色がロシア語で同じカテゴリーに属する場合と，異なるカテゴリーに属する場合で，色どうしを区別する速さの比較を行った。その結果，ロシア語話者は同じカテゴリーに属する場合よりも異なるカテゴリーに属する場合のほうが反応が速かったが，英語話者にはそのような違いは見られなかった。ただし，ロシア語話者の反応全般が英語話者の反応より速かったわけでも正確だったわけでもない。つまり，母語において別のカテゴリーに属する色どうしは，同じカテゴリーに属する色どうしより区別しやすいが，アメリカ人とロシア人の間で色知覚の敏感さ自体に差があるわけではない。

文化間で認知の仕方を比較する際には，性格や行動などについてのさまざまな質問に回答するというアンケート形式の調査が数多く行われてきた。しかし，たとえばアメリカ人は極端な数字（5段階なら1や5）に丸をつける傾向にあるが，日本人は真ん中の数字（5段階なら3）を選びやすいことがわかっている。また，同じ質問項目であっても，文化が違えば意味合いが異なることもある。このように，異文化間での比較は難しい。し

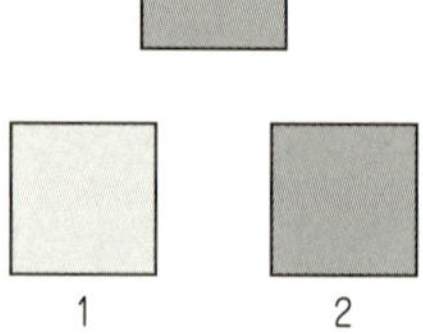

「上の四角と同じ色の四角は
1と2のどちらでしょう？」

かし，ここで紹介したような，動画や色などを使った実験を行うことで，意識ではコントロールしづらい認知的な傾向を探り出すことができる。

以上のように，文化や言葉が，基本的なものの見え方に影響することがわかってきた。ただし，赤ちゃんでも色のカテゴリーに基づく知覚ができていることから，人間の基本的な知覚の性質が言葉のなりたちに影響している可能性も考えられる。この点については，これからの多くの研究の積み重ねで明らかになっていくだろう。

**POINT**

- □ 1 西洋人は分析的・絶対的判断をするが，東洋人は包括的・相対的判断をする傾向があるというように，文化により知覚や認知様式が異なることがある。
- □ 2 言語により，色がカテゴリーとして知覚されやすくなるといったように，言語が人の認知・知覚に影響を与えることがある。

## 引用・参考文献 Reference●


Kitayama, S., Duffy, S., Kawamura, T. & Larsen, J. T. (2003) Perceiving an object and its context in different cultures: A cultural look at new look. *Psychological* Science, 14, 201-206.

Markus, H. R. & Kitayama, S. (1991) Culture and the self: Implications for cognition, emotion, and motivation. *Psychological Review*, 98, 224-253.

Masuda, T. & Nisbett, R. E. (2001) Attending holistically versus analytically: Comparing the context sensitivity of Japanese and Americans. *Journal of Personality and Social Psychology*, 81, 922-934.

Todorov, A., Mandisodza, A. N., Goren, A. & Hall, C. C. (2005) Inferences of competence from faces predict election outcomes. *Science*, 308, 1623-1626.

第3部

# 心の問題のとらえ方

PART 3

CHAPTER

# 第10章

# なんだかいやな気持ち

## ストレスと心の病気

WHITEBOARD

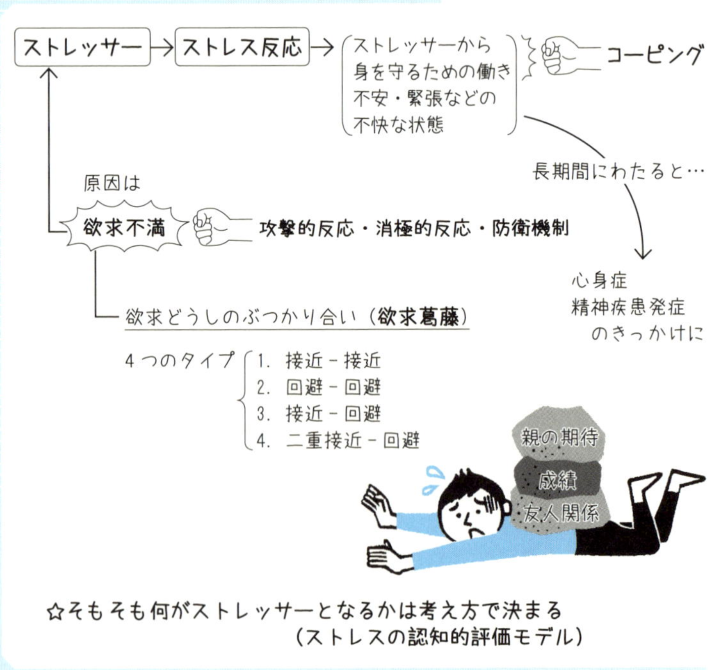

KEYWORDS

ストレス　ストレス反応　セリエ　ストレッサー　ライフイベント　欲求不満　攻撃的反応　消極的反応　防衛機制　接近欲求　回避欲求　葛藤　カーネマン　コントロール可能性　予測可能性　ラザルス　フォルクマン　ストレスの認知的評価モデル　セリグマン　楽観主義　コーピング　問題焦点型コーピング　ソーシャルサポート　情動焦点型コーピング　統合失調スペクトラム症　陽性（陰性）症状　双極症

# 1 ストレス

ストレス，という言葉を聞いていいイメージをもつ人はほとんどいないだろう。たとえば「テスト勉強があるからストレスがたまっている」「バイト仲間との人間関係がストレスになっている」など，よくない例ばかり浮かぶ。ストレスとは，他者との人間関係を含む，外界から課せられる要求が原因となって引き起こされる心身の緊張状態を包括的に表す概念である。

上記の例のように，私たちが日常的にストレスとよんでいるものは正確にはストレス反応とよぶ。不安，いらつき，抑うつ感，無気力，といった情動的反応が起こる。さらに生理的変化として，脳内の視床下部から分泌されるホルモンが脳下垂体を刺激し，下垂体から分泌されるホルモンが腎臓の隣に位置する副腎皮質を刺激することで，抗ストレスホルモンであるコルチゾールが分泌される。これと並行して交感神経の活動が高まり，副腎髄質からアドレナリンやノルアドレナリンが血中に分泌される。こうした生理変化は，生体に行動を起こしやすくさせる。

## ストレスの３段階

H. セリエによれば，ストレス反応は警告期，抵抗期，疲憊（ひはい）期という３つの段階が仮定されている。警告期では，一時的に体の抵抗力が低下する。体温，血圧，血糖値が下がり，神経活動が鈍くなり，筋肉も弛緩する。その後，抵抗期では，ストレス事態に打ち勝つために生理的機能はむしろ亢進する。血圧や心拍数，血糖値を上昇させ，外的な変化にすぐに対応できるように体を準備状態にもっていく。一時的に活発に活動しやすくなり，ストレスの原因に立ち向かうための準備ができるという点では，ストレス反応はまさしく「ストレス事態に立ち向かうための準備状態」なのである。しかし，ストレス事態が長期にわたって持続すると，こうした生理的反応を保つことが難しくなり，抵抗力が弱まっていく（疲憊期）。このとき高血圧や心臓疾患，胃潰瘍（いかいよう）などの疾患にかかるリスクが増大するため注意が必要である。

このようにストレス反応は不快な緊張状態と考えられがちであり，長期にわたって継続すると身体に病気リスクをもたらす。しかし，本来的には外界の変化から体を守るための働きであり，生命維持に必要な生理的反応といえよう。

### ストレッサー――ストレスの原因

ストレスの原因になっているもの，ストレスを起こす刺激のことをストレッサーとよぶ。地震や洪水，戦争や核爆発，飛行機事故のような，めったに経験しないようなトラウマ的な出来事は誰にとってもストレスとなりうる。さらに日常生活で起きるようなストレッサーとしては，他者とのけんかやトラブルなどの人間関係のストレッサーや，就職活動や仕事で感じる重圧のような社会的ストレッサー，睡眠不足や病気やけがによる体調不良などの肉体的ストレッサーは想像しやすいだろう。ほかにも，騒音にさらされたり満員電車のような寿司詰め状態におかれたりすること（物理的ストレッサー），気温が高い／低い，湿気が多いといった不快な環境（環境的ストレッサー）さえも，日々，私たちにストレス反応を生じさせている。

つまり，どれほど楽観的に生きようとしても，ストレスを感じずに人生を送ることはほとんど不可能である。もちろん，家族の病気や恋人との別れなどの大きな出来事は，悲しみという大きなストレスをもたらす。T. H. ホームズとR. H. レーエは，人生における大きな出来事（ライフイベント）によるストレス度を測定し，それを**表 10.1** のように示した。

これを見ると，必ずしも悲しいことばかりがストレッサーとは限らないようだ。引っ越しや入学，さらに結婚のようなおめでたいイベントでさえストレッサーとなる。今までの生活を変えて新しい環境に飛び込む際には，それが楽し

CHART 表10.1 ライフイベントがもたらすストレス度

| ライフイベント | ストレス度 | ライフイベント | ストレス度 |
|---|---|---|---|
| 配偶者の死 | 100 | 親しい友人の死 | 37 |
| 離　婚 | 73 | 転　職 | 36 |
| 別　居 | 65 | 子どもが家を離れる | 29 |
| 服　役 | 63 | 入学または卒業 | 26 |
| 近親者の死 | 63 | 引っ越し | 20 |
| 自分のけがや病気 | 53 | 転　校 | 20 |
| 結　婚 | 50 | 睡眠習慣の変化 | 16 |
| 解　雇 | 47 | 食習慣の変化 | 15 |
| 退　職 | 45 | 長期休暇 | 13 |
| 妊　娠 | 40 | クリスマス | 12 |
| 金銭状況の変化 | 38 | | |

（出所） Holmes & Rahe, 1967 より抜粋，作成。

みでわくわくするようなものであったとしても，人は知らず知らずのうちにストレスと感じているのである。

POINT

- □ 1 ストレスとは，環境の変化によって引き起こされる心身の緊張状態である。
- □ 2 ストレス反応には，外界の変化から体を守るために役立っている面もある。
- □ 3 ストレス反応を引き起こす原因はストレッサーとよばれ，多様なものがある。

# 2 欲求不満とは

## ストレスを生み出す欲求

ライフイベントのようなストレッサーに出会わなくとも，私たちは日々ストレスとともに生きている。しかし，そのようなストレスを生み出しているのは自分自身の欲求である場合もある。たとえば，今よりも成績を上げたいと思うからこそ，今の成績にストレスを感じるのであり，恋をするからこそ，なかなか相手に接近できない状況にストレスを感じる，というように。

私たちが欲求をもつことは自然なことである。さらに欲求がそのまま満たされれば，快適な環境を手に入れることさえできる。しかしながら，欲求が達成されないときは不快な状態となる。たとえば空腹を感じ，食事をするために食堂に入ろうとする。しかし食堂の扉が開かなかったとしよう。これは，欲求が阻止された状態である。このとき，あたりを見回して，別の扉から食堂に入ることができれば，ストレスを感じることはない。このように，欲求が阻止されても適切な迂回反応をとることができれば問題ないのである。しかし他に扉が見つからなかった場合は，食堂に入ることができず，欲求が達成されない。これが欲求不満の状態である。欲求不満とは，欲求が阻止され，かつそれに合理的に対応できない場合に緊張感が高まった不快な状態ということができる。

## 欲求不満に対する３つの対応

欲求不満に対する対応は，大きく３つに分類することができる。

⑴ **攻撃的反応**　欲求を阻止している障害を力ずくで打ち破ろうとする反応である。開かない扉を無理にこじ開けようとガチャガチャと激しく動かしてみたり，扉を破ろうと体当たりすることもあるだろう。結果的に扉を打ち破ることができれば，食堂に入って食欲を満たすことができるかもしれない。しかし，扉を壊したことで生じる損害を償ったり，破壊行為をしたことで友人から白い目で見られるかもしれない。障害への直接的あるいは間接的な攻撃によって無事に欲求が満たされることは少ないかもしれない。

⑵ **消極的反応**　目標そのもの，あるいは障害から目を背ける反応である。食欲をなかったことにしてしまう（目標への接近欲求を低減させる），食事ができない代わりに友だちと会話をして時間をつぶす（代償的反応），などが挙げられる。

⑶ **防衛機制**　障害や目標に対する考え方を変えることによって自我を防衛するという無意識の働きである。高名な精神分析学者ジグムント・フロイトの娘，アンナ・フロイトが提唱した。**表 10.2** に示したように多くのタイプがある。食欲を満たせない状況は本来不快なはずなのに「食事ができない分，食費を節約できたからよかった」と無理やり肯定的に考える合理化や，ペットボトルの水を飲んで「これで満足しよう」とする置き換えなどがある。これら

CHART 表 10.2 防衛機制

| | |
|---|---|
| 合理化 | 本来の欲求が満たされない場合に，都合のよい理由をつけること<br>（例）高いところにあるブドウに手が届かないキツネが「あのブドウはどうせ酸っぱいのさ」と言って，ブドウをとらずに通り過ぎる |
| 置き換え | ある対象に向けていた欲求を，他の対象に向けて達成すること<br>（例）やつあたり |
| 昇　華 | 反社会的な欲求を，社会的な価値の高い対象に向けて達成すること<br>（例）失恋した相手を見返してやろうと，ダイエットをがんばった |
| 反動形成 | 本来の欲求と，裏腹な態度を見せること<br>（例）好きな子に意地悪をする |
| 投　射 | 自分がもっているネガティブな欲求を，他者がもっていると考えること<br>（例）自分が相手を疎ましく思っているのに，相手が自分を疎んでいると思い込む |
| 抑　圧 | 自分に不都合な欲求や考えを，意識の外に締め出すこと<br>（例）親友の恋人を好きになったが，親友への罪悪感があるので，無意識のうちにその好意を自分で否定する |
| 否　認 | 実現できない欲求や，不都合な現実を認めようとしないこと<br>（例）不治の病だと医者に告げられても，受け容れない |
| 同一視 | 名声ある他者と関係が近いことをアピールし，自分を権威づけること<br>（例）スポーツの苦手な人が，スポーツ選手と友だちであることを威張る |
| 補　償 | 自分の劣等感を，他の面で優越感を感じることで補おうとすること<br>（例）テストの点数が悪かったとき，スポーツの成績を自慢する |
| 退　行 | より幼少期の発達段階に戻ったような行動様式をすること<br>（例）下のきょうだいが生まれたとき，赤ちゃんがえりをする |

の防衛機制が適度に働くことで，人の精神的健康が維持されるという部分もある。しかし一方で，常に防衛機制を働かせて自我を防衛し続けることは，自分の殻に閉じこもり独善的な考え方に陥るなど，別の人格的問題を引き起こす危険もある。無用な防衛をしていることを自覚し，欲求不満を引き起こしている問題の解決に心を向けるべきであろう。

### 2つの欲求の葛藤

ところで，日常生活では先に挙げた食欲の例のように単純な欲求ばかりではない。私たちのもつ欲求を，大きく2つに分けて考えてみよう。1つは，好ましい状態や物に近づきたいという接近欲求，他方は好ましくない状態から逃れたいという回避欲求である。これらの欲求が複数生じ，さらにそれが拮抗するとき（同時に満たされないとわかったとき）欲求を達成するための行動がとれなく

CHART 図 10.1 葛藤の模式図

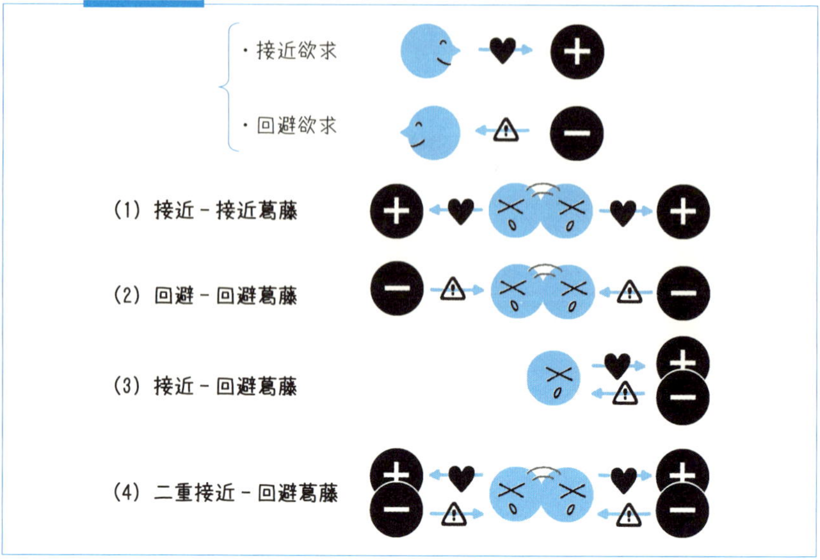


なってしまう。この状態を葛藤とよぶ。葛藤が生じると，外的な障害がないにもかかわらず，人はどう行動すべきかを判断できなくなり，身動きがとれなくなる。葛藤にはいくつかの種類（図 10.1）がある。

(1) **接近－接近葛藤**　あちらもよいし，こちらもよい，という状態である。同じくらい魅力的なものが目の前に2つあるのに，時間やお金に制限があり，片方しか選べない場合に他方をあきらめなければならない。たとえば，昼食にステーキとカツ丼の両方を食べたいのだが，片方をあきらめなければならない場合などである。一見幸せそうではあるが，選べる選択肢が複数あることで必ずしも幸せになるとは限らない。アメリカの経済学者 D. カーネマンによれば，選択肢が増えれば増えるほど最終的に選んだ選択肢の満足度が小さくなるという。これは，ある選択肢を選んだ際，別の選択肢がもっていたメリットを享受できなくなることが決定し，そこに不満が生じるためである。

(2) **回避－回避葛藤**　あちらもいやだし，こちらもいやだ，という状態である。同じくらいいやなもの，逃れたいものがあるのに，どちらからも容易に逃れられない。たとえば，大学の期末試験の勉強をするのはいやだが，その講義の単位を落としたくない場合がこれにあたる。

⑶ **接近－回避葛藤**　目標の中に魅力的な面といやな面が含まれている場合，その目標に接近すべきか回避すべきか判断できず，行動できなくなる。たとえば他者から交際を申し込まれた際，顔などの見た目は好みであるのに性格が悪い人であった場合などである。顔または性格のどちらか一方のみが大事だという人であれば葛藤は起こらないが，どちらも同じくらい大事である人にとっては葛藤状態となる。別の例としては，友人関係において，親密になりすぎると関係性がうっとうしくなり，距離を置きすぎると孤独を感じるというヤマアラシのジレンマとよばれる状態もこれに含まれるだろう。

⑷ **二重接近－回避葛藤**　2つの目標のそれぞれに魅力的な面といやな面が含まれており，どちらか1つを選びがたい状態である。前項の接近－回避葛藤が，二重になった例である。先の例を引き継げば，顔が好みだが意地悪な人と，顔は好みでないが優しい人，両方から交際を申し込まれた場合である。

以上，4つのケースを見てきた。しかし，現実場面での欲求の葛藤はさらに複雑で，多くの要因が絡んでいると考えられる。それは私たちが同時に多くの情報を処理しており，それに関連して複数の欲求が同時に生起することがほとんどだからである。

ストレスが，欲求不満によってもたらされるとすれば，ストレスを避けるためには欲求をもたないということも1つの選択肢となりうる。「吾唯知足」（われ，ただ足るを知る）という言葉もあるように，過度な欲求をもちすぎなければストレスもかかえすぎずに済むかもしれない。

**POINT**

- □ 1　ストレスには，欲求が達成されないことで生じる欲求不満の状態も含まれる。
- □ 2　欲求不満に対する対応は，攻撃的反応，消極的反応，防衛機制などがある。
- □ 3　欲求は，接近欲求と回避欲求との組み合わせで生じるものもある。

## 3 ストレスとコーピング

### どうしてストレスとして感じるのか

ストレスが不可避である以上，よりよく対処していかなくてはならない。実は，何をストレッサーと感じるかは個人によって異なるようだ。ストレスとしての感じやすさは，出来事のコントロール可能性，予測可能性が影響しているという。コントロール可能性とは，その出来事の生起を自分で決められる程度である。一方的な解職や恋人から切り出された別れなどは，自分でコントロールできなければ発生を防ぐこともできないためストレスと感じられやすい。しかし，自発的な離職や自分から別れを切り出した場合などは，自分でその出来事を止めることもできたという信念があるため，比較的ストレスと感じずに済む場合もある。

予測可能性とは，その出来事が起きるかどうか，さらにいつ起きるかを予測できる程度である。予測できれば，出来事への対応を準備することができるし，出来事が起こるまでの間は確実に安全であることもわかる。たとえば夏休みの宿題が終わらずに怒られる場合を考えてみよう。宿題が終わらなかった場合，夏休みが終わる9月1日には先生や親に怒られることが明らかである。このとき，9月1日に備えて，少しずつこつこつ宿題をやるという現実的な対処が可能となる。あるいは，夏休みが終わる9月1日までは宿題をやらなくとも怒られないことが明らかであり，束の間は安心して過ごすことができるともいえる。

### ストレスの認知的評価モデル

さらには，同じ出来事であっても人によってはそれをストレスではなくチャンスととらえ，やる気を起こすこともある。人それぞれ，性格，年齢，ストレス対処能力，社会的支援の有無などの環境が異なるためである。R. S. ラザルスとS. フォルクマンは，ストレッサーに対する考え方によってストレス反応が異なることを説明するために，ストレスの認知的評価モデルを提唱した。

ストレッサーになりそうな出来事に直面したとき，人は認知的評価を2段階

## Column ⑮ 「あなたを殺さないものは，あなたを強くする」

これは哲学者ニーチェの言葉である。命を脅かすほど困難なことは，実際にその人を打ちのめしてしまうかもしれないが，もし乗り越えることができたときには人を一層強くすると彼は考えたのだろう。

課せられた課題が困難であればあるほど燃えるという人もいれば，困難でないほうが取り組みやすいという人もいる。これらの人は，ラザルスの2次的評価の部分が異なるのかもしれない。ラザルスらの認知的評価理論をもとに，J. ブラスコヴィッチらは挑戦／脅威モデルを提唱し，ストレスを感じたときに体にかかる生理的な負担を検討した。このモデルでは，2次的評価の際，どれくらい困難で労力のかかる対応を要求されているかという認識（環境要求）と，どれくらいうまくそれに対応できそうかという見積もり（自己資源）の比によって，心臓血管系の反応への負荷が予測されると考えている。つまり，人が感じるストレスは，課題の困難さだけでなく，自分がどれくらい対処できるかという事前の見通し，つまり自信の大きさも影響しているようだ。J. トマカらは参加者に暗算課題をさせる前に，正確に答えるよう強調し後で誰かが採点するかもしれないと教示した群と，努力することが重要なのでベストを尽くすように教示した群とで，認知的評価と生理反応が異なるかを検討した。その結果，正確に答えるよう強調された群では暗算課題を自分にとって脅威だと評価し，心拍出量と末梢の血管抵抗が増大することで血圧が顕著に上昇した。努力を強調された群では課題を挑戦と評価し，末梢の血管抵抗が下がることで血圧上昇が緩和された。

一方で，ストレス体験をした後，ストレッサーのことを振り返って考えながら適切な認知的評価を行うことが，ストレス反応の低減につながるという考え方もある。C. L. パークとS. フォルクマンが提唱した意味づけ（meaning making）モデルでは，ストレッサーを，世界の安定性や自分の価値観を脅かすものではなく，自分にとって意味ある体験であったと考えることが，ストレスへの対処となると考えている。こうした意味づけは，トラウマ体験によって自分の生によい変化が生じたと考える心的外傷後成長（post-traumatic grouth：PTG）につながる可能性も指摘されている。

で行う。まず，出来事が自分にとって重要な関わりをもち，害や脅威をもたらすかを評価する（1次的評価）。次に，自分の力で出来事に対処できるかを評価する（2次的評価）。1次的評価はネガティブな情動（抑うつ，不安，怒り，イライラ）の喚起に関係し，2次的評価は情動の種類や強度を決定する。たとえば，期末試験で悪い成績をとった場合，1次的評価の段階で「試験の成績がダメでもサークル活動はうまくいっているから問題ない」と考えることができれば，ネガティブな感情は生起しない。「試験でよい成績をとれるようがんばらなかった自分はだめな人間だ」と考え（1次的評価），さらに「いくらがんばってもいい成績はとれない」（2次的評価）と考えるからこそ，ストレス反応が生じる。このように，出来事が直接ストレス反応を引き起こすのではなく，自分の認知によってそれをストレッサーとみなすかどうかが決まっているのである。

ある出来事をストレッサーに仕立てているのが自分の考え方だということは，考え方さえ変えれば，その出来事をストレッサーと見なさなくて済むかもしれない。ラザルスらの1次的評価において，楽観主義的考え方をもつことがストレッサーを低減させるうえで有効であるとM. E. P. セリグマンは述べている。セリグマンの示す楽観主義とは，永続性（よい出来事はずっと続く，悪い出来事はすぐに終わる），普遍性（よい出来事はあらゆる場面で起こる，悪い出来事はその場限りである），個人度（よい出来事は自分のおかげ，悪い出来事は他人や環境のせい）という3つの柱からなっている。この考え方に基づけば，試験の成績が悪かったとしても「今回たまたま，国語の試験のときだけ，風邪をひいていた」ためと考えることで自尊心の低減や抑うつ気分が生じることを避けやすいと考えられる。後に述べる心理療法の中でも，悲観的な考えを楽観的な考えに置き換えるように働きかけることがある。

### ストレスへの対処――コーピング

ストレス反応を低減するため人はストレスに対処しようとする。ストレス反応への対処のことをコーピングとよぶ。自分1人の力で状況を改善しようとする場合もあるが，他者に話を聞いてもらったり，社会的な助けを求める場合もあるだろう。

コーピングには2つの種類がある。1つは問題焦点型コーピングである。これはストレッサーとなる出来事の状況を変えて，将来それがなくなるように働きかける方略である。試験の成績が悪かったことがストレッサーになっているとすれば，試験の成績を上げるように勉強する，試験の前にはバイトやサークルの時間を削るなどが考えられる。さらに，独力で立ち向かうだけでなく，周囲の人から物質的・心理的な援助（ソーシャルサポート）を受けることも有効である。物資をもらったり介護を受けるなどの物質的な援助である道具的援助，出来事についての情報をもらったり助言をもらったりする査定的援助，さらに親しい友人に話を聞いてもらったり友人との親密な関係を確認するような情緒的援助などが挙げられる。

もう1つは情動焦点型コーピングである。ストレス反応の中で生起している不快な情動や身体の緊張を低減させるために，防衛機制（表10.2）を使う，体をリラックスさせるなどである。現実に起きている状況を容易に変えがたい場合に，有効な場合もある。

POINT

- □ 1 出来事のコントロール可能性，予測可能性が低いと，ストレスとして感じやすくなる。
- □ 2 出来事への認知的評価によってストレス反応が引き起こされるかが決まる。
- □ 3 ストレス反応への対処をコーピングとよぶ。

## 4 ストレスに対処できないとき

多くの人は，ストレスにうまく対処し，その危機を乗り越える。しかし中にはうまく乗り越えられない場合もある。ストレッサーが大きすぎたり，立て続けにストレッサーが生じた場合や，ストレスに弱い性格だった場合などがある。このようにストレスを長期にわたって克服できないと，精神症（精神病）に移行する場合がある（表10.3）。

最初は時々しか感じなかった不安が，同じような状況におかれる度に感じるようになるなど慢性化すると，慢性不安状態やパニック発作を引き起こす。これらの症状は特に珍しいものではなく，程度の軽いものであれば経験したこと

CHART 表 10.3 精神症で見られる症状

| | |
|---|---|
| 情緒面 | 恐怖（高所恐怖，対人恐怖，尖端恐怖など） |
| | 強迫（繰り返し手を洗う洗浄強迫，繰り返しガスの元栓や施錠したことを確認するなど） |
| | 抑うつ（落ちこみだけでなく，不安や焦燥感が目立つ症状） |
| | 離人感（外界と自分の間に膜が張ったように感じ，生き生きした現実感がなくなる） |
| 行動面 | 解離症状（二重人格や生活史健忘） |
| | 自己破壊行動（自殺や自傷行為） |
| | 攻撃的行動（家族内での暴力，虐待） |
| | 衝動行動（過食や拒食などの摂食障害，薬物乱用） |
| | 無気力行動 |

があるという人もいるだろう。

## 脳損傷による心の病気

「心の病気」とは，体のどこが悪くなるのだろうか。もちろん脳である。ただし，脳が外傷によって傷ついてしまった場合と，ストレスによって考え方（脳の働き方）が変わってしまう場合がある。

脳のけがによって生じた精神の変調の例として，フィニアス・ゲージというアメリカ人が挙げられる。ゲージは鉄道工事の現場で働いている最中に，鉄の棒が頭に刺さり完全に突き抜けてしまうという大けがを負った。これによって脳の前頭葉の大部分を損傷してしまった。幸い，一命を取り留め意識を回復したのだが，驚くほどに人格が変化してしまったという。事故の前までは部下にとても好かれ，上司からも信頼されていたゲージであったが，脳に損傷を受けた後は礼儀知らずで気まぐれで他者に対して攻撃的になったという（詳しくは⇨第 **4** 章 ② 節）。

## ストレスや脳の機能不全による精神疾患

長期にわたるストレスや，生まれもった脳の機能不全によって発症する精神疾患の例として，統合失調スペクトラム症や双極症などが挙げられる。

統合失調スペクトラム症は，妄想や幻覚，感情の平板化などが見られる精神疾患である。症状は大きく2つに分けられ，妄想や幻覚，支離滅裂な会話といった陽性症状と，思考や会話の貧困，感情の平板化というような陰性症状がある。治療はドーパミン受容体遮断作用のある薬物を投与する薬物療法が有効であり，さらに社会生活を送るための日常生活の自立スキル，就労のためのスキルアップを目的とした認知行動療法に基づくSST（ソーシャルスキルトレーニング）が有効であるといわれている。

双極症（双極性障害）は，かつては躁うつ病ともよばれたように，気分が異常に高揚する躁状態と低下するうつ状態という，2つのかけ離れた状態を数カ月から数年程度の周期で繰り返す精神疾患である。躁状態では，気分が高揚し，多弁・多動，注意散漫，睡眠欲求の減少などの症状が見られる。うつ状態では，いわゆるうつ病と同じく，抑うつ気分，興味・喜びの減退，疲れやすさ，食欲低下，不眠などの症状が見られる。

**POINT**

- □ 1 ストレス反応が長期間続くと，精神症に移行する場合がある。
- □ 2 精神疾患には統合失調スペクトラム症，双極症などがある。

## 引用・参考文献　Reference

Holmes, T. H. & Rahe, R. H.（1967）The Social Readjustment Rating Scale. *Journal of Psychosomatic Research*, 11, 213-218.

CHAPTER

第11章

# 発達の偏りと多様性

## 発達障害

WHITEBOARD

定型発達　　非定型発達

**「発達」**：主に遺伝的要因が時間とともに発現すること
⇒育て方によって発達障害になるわけではない

**「障害」**：欠損ではなく，環境への不適応

**発達障害の3つのグループ**

- 自閉スペクトラム症
- 注意欠如多動症（ADHD）……不注意優勢型と衝動性優勢型
- 限局性学習症……算数障害，読字障害など

**＋知的障害**……知能検査により定義

発達障害は診断基準（DSM等）が改訂されるたびに変わっていく
：歴史的概念

**KEYWORDS**

定型発達　非定型な発達　DSM　発達障害　遺伝に基づく脳の障害　神経発達症　不適応　限局性学習症（SLD）　自閉症（自閉スペクトラム症）　注意欠如多動症（ADHD）　知的発達症　ウィング　併存　ウィリアムズ

# 1 発達の「障害」とは

## 定型と非定型

ヒトを含めた動物は，すべて環境に適応しようと学習し発達していく。それは，発達障害児とよばれる子どもたちも同様である。では，発達障害児がそうよばれるのはどのような点においてなのだろう。発達の「障害」とはどういう意味なのだろうか。

発達のパターンには典型的なものとそうでないものとがある。たとえば生後7カ月を経た乳児は，典型的には物に手を伸ばしてつかむようになる。あるいは2歳半になるとしゃべり始めることで，赤ちゃんというよりも子どもとよんだほうが適切な存在へと発達していく（⇨**Column ⑫**）。

しかし，こうした発達過程は個人差も大きい。5カ月にして手を伸ばす赤ちゃんもいれば，3歳になっても，一向に言葉を発しない子もいる。本来，発達過程とは，こうした個々の乳幼児の個人差がなぜ生じるのかを説明せねばならないのだが，そのためにはまず，おおよそ何カ月ぐらいに何ができるようになるのか，という発達の指標というものが必要となる。こうして私たちは，「7カ月」や「2歳半」といった年齢は，集団を平均することで得られる数値であることに気がつくのである。

集団の多数派がたどる発達パターンのことを，発達心理学では「**定型発達**」（typical development）とよぶ。そして，この定型的な発達から，何らかの基準ではずれた発達過程を「**非定型な発達**」（atypical development）とよんで区別することができる。言葉の元の意味に従えば，この非定型な発達には，通常よりも発達が進みすぎている場合も遅れている場合も含まれる。しかし，近年の発

CHART 図 11.1 定型発達と非定型発達を表すイメージ

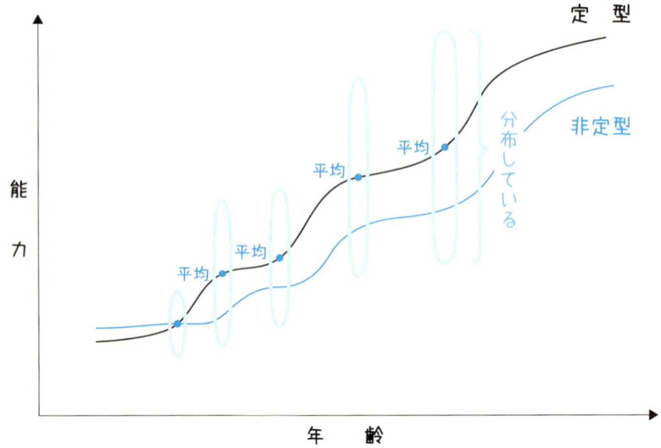


達障害を扱う心理学では，定型発達から何らかの形ではずれた「非定型な発達」を，発達障害と同じニュアンスで用いる。

かつて心理学では，正常／異常という言葉が用いられたこともある。あるいは健常／障害という区分であれば現在でも使用されている。しかし近年は，もっとニュートラルな定型／非定型といういい方が用いられることが多い。

たとえばアメリカ精神医学会が精神疾患を定義している DSM という本があるが，この本の正式名称は *Diagnostic and Statistical Manual of Mental Disorders*（『精神疾患の診断・統計マニュアル』⇨第 **12** 章 ② 節）となっており，「統計」という言葉が入っている点に注意すべきだろう。「統計」という言葉の意味は，単純に数を数えてみると，血液型のように，多いタイプと少ないタイプがあるという意味である。多いか少ないかに価値判断は存在していない。したがって，定型／非定型という用語の背景には，発達障害とは，何よりもまず多数派に対する「少数派」というとらえ方によって，優劣の判断を避けたいとする思想がある。

## 「発達」の意味――環境か遺伝か

発達障害には「発達」という言葉が入っているが，これは特定の発達障害が，特定の年齢で顕著になってくるというニュアンスが含まれている。たとえば後述する ADHD であれば小学校に入学した学童期，特に 6 歳から 10 歳にかけてその特徴が顕著になる。あるいは自閉症であれば，定型発達の発話開始時期である 3 歳頃にその診断がつくということになっている。診断基準に従えば，18 歳ではじめて自閉症と診断された人も，さかのぼれば 3 歳の時点で自閉症の症状が現れていた，と考えるのである。

当然であるが，発達障害児も定型児と同様に発達し環境に懸命に適応しようと生活している。その発達の結果として，特定の年齢において「発達障害」との診断が下される。

このように書くと，育て方を含めた環境要因によって自閉症や ADHD になる，との誤解をもつ人がいるかもしれない。しかし，それは誤った考え方であることが現在でははっきりしている。発達障害は，遺伝に基づく脳の障害であることが明確になっており，「脳」という原因なしに子育てといった環境要因のみで発達障害は生じえない。本章で扱う発達障害が，DSM-5-TR において「神経発達症群」にまとめられていることからもわかるだろう。

たとえば第 **7** 章でふれたが，「目が見える」ようになるには生後 1 年近い自由な身体運動や明るい光環境といった要因が欠かせない。その意味では，視覚は，「環境や経験」によって一定の年齢で獲得される能力である。しかし，見えるようになるには，眼球，網膜，視覚野といったものが遺伝的な計画に従って時計を刻むように発達していく必要がある。その意味では，視覚は，「遺伝に基づく脳」が生み出す能力なのである。この点においては，「自閉症であること」と「目が見えること」のメカニズムは，まったく同じといってもよいかもしれない。「発達障害」の「発達」という言葉は，「生得的」というニュアンスをもっているのである。

### 「障害」の意味

発達障害の「障害」という言葉がもつニュアンスについても説明しておきたい。この「障害」は，disorder の訳語であるが，まず指摘しておきたいのは disability との区別である。disability という語が，何らかの能力の欠如を意味しているのに対し，disorder という語には，何らかの能力を特定の環境において適切に運用できていないといったニュアンスがある。たとえば自閉症児が他者にまったく共感しないように見えたとしても，それは共感の能力が完全に欠如しているのではなく，もともともっている何らかの要因に邪魔されて発達してきた結果，共感の能力をうまく発揮できない，ととらえるのである。こうした観点から，DSM-5 では disorder の訳語として，「障害」ではなく「症」をあてようという提案がなされた。

別の観点からいえば，たとえば自閉症の特徴である「他人と興味を共有できない」「特定の機能的でない習慣や儀式にかたくなにこだわる」といった点が見られるとしても，そのことによって社会的に不適応を起こしていなければ，「自閉症」（DSM-5-TR では自閉スペクトラム症）との診断は下されなくともよいことになる。著名な芸術家や科学者の中には，自閉症にきわめて近い心理的な特徴を示していた人々もいるし，特定の専門能力を要する技術者の中には，ADHD や自閉症であることによって，かえって高い能力を発揮する人々もいる。

つまりは，発達障害へとつながる脳の要因それ自体が問題であるというよりも，特定の種類の脳をもった人がある環境で生きていく結果，ちょっとしたボタンの掛け違いにより社会的な不適応を起こしてしまい，結果，「disorder」ということになってしまうのである。

極端な意見かもしれないが，近年増加の一途をたどる発達障害の発生率を考えると，発達障害を構成する１つひとつの要因は，むしろヒトが知的な能力を発揮するには不可欠なものなのではないかとも思えてくる。現代の社会システムや環境が，定型的な心の状態に向けられすぎているがゆえの発達「障害」なのかもしれない。

いわゆる発達障害児／者の社会的適応を考えるうえで，「社会性の欠如」など外側に表れる特徴を定義するだけでなく，認知・脳科学レベルでの心の特徴を明らかにし，その特徴を理解していくことが重要となってくるだろう。

**POINT**

- □ 1　発達過程は多数派による定型的な発達と少数派による非定型な発達とがあり，この非定型な発達が，発達障害と関連している。
- □ 2　発達障害の「発達」には，生まれてからの育て方といった環境要因ではなく，生まれつきの能力をもったものが一定期間育った結果として発達障害になるというニュアンスがある。

□ 3　発達障害の「障害」には，何かが欠損しているというよりも，特定の環境下では，もっている能力が発揮されず不適応を起こしているというニュアンスがある。

# 2 発達障害の種類とその多様性

発達障害にはさまざまな診断名がある。その区別はあいまいな点も多く，他の障害を合併していることもあるが，現在，大まかに，限局性学習症（SLD），自閉症（自閉スペクトラム症），注意欠如多動症（ADHD）という3つのカテゴリーでとらえられている（図 **11.2**）。また，これら3つの発達障害が注目される以前から，知的な障害という観点でとらえられていた知的障害（DSM-5-TR では知的発達症）について，まずは説明していくことにする。

## 知的発達症（知的能力障害）；知的障害

19 世紀より前，学校というものがない時代には目立たなかったが，近代に入り学校という場面において，極端に成績が悪く，そもそもの能力として授業についてこられないように見える人たちをどう扱うか，という問題があった。これらの人たちは，勉強が嫌いというよりも，知的な能力そのものに問題があるとまずは考えられたのである。

そこで，特定の授業科目の能力ではなく，特定の科目を越えた「全般的な知的能力」を測る知能検査が考案された。この知能検査の点数が，ある基準以下の人たちをグループとして扱い，それ以外の人たちとは異なるアプローチが必要になると考えられたのである。

当初このグループは「精神薄弱」（mental deficiency）とよばれたが，その後「精神遅滞」（mental retardation）と改められた。「遅滞」という言葉には，「発達が遅れている」ということで，スピードが遅いだけだというニュアンスがある。現在では，広く生活の困難を含めた用語として知的障害（intellectual disability）という言葉も用いられるようになり，日本においても 1998 年に法律的

CHART 図 11.2 発達障害の境界線ははっきりしない

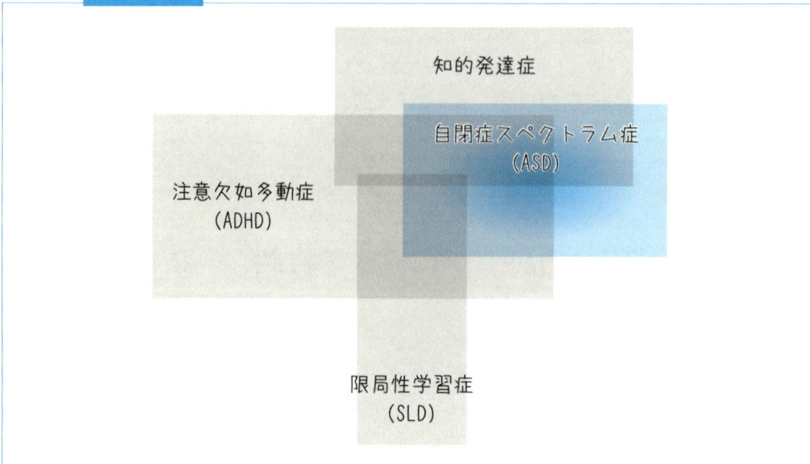


な用語に取り入れられている。

知的障害は知能検査により定義される（IQ 70 もしくは 75 未満）。一方，限局性学習症，自閉症，ADHD といった発達障害は，一見知的な遅れがあるととらえられがちではあるが，実際には何か限定的な能力（注意，社会性，衝動性など）がボトルネックとなって，結果として学校での成績が悪かったりするのではないか，と考えられるようになってきた背景がある。

### 限局性学習症（SLD: Specific Learning Disorder）；学習障害（LD: Learning Disabilities）

たとえば学習障害（DSM-5-TR では限局性学習症）はその例だろう。学習障害も，主に教室場面での不適応から生まれた概念であり，知能とは何か，という問いとも関係がある。しかし，この概念は，どちらかというと，知的な遅れがないにもかかわらず，特定の領域における困難さをもつがゆえに，学校で不適応を起こしているのではないか，という観点が重視される。たとえば言語や複雑な論理的思考にはまったく問題がないにもかかわらず，「数」に関する能力のみに問題があると，算数や数学の授業で極端に悪い成績となってしまうかもしれない。あるいは，そもそも文字を読むことが極端に遅いという場合，社会的場面など日常会話での知的な思考はまったく問題がないにもかかわらず，学校の教科の成績だけはすべて悪い，ということも起こりうるだろう。こうした子どもたちをとらえる概念が学習障害（Learning Disorder）である。知的障害ではないのであるから，たとえば数字はすべて絵や概念図で視覚的に説明するとか，文字はできるだけ音声に録音して呈示するなどの工夫が，授業場面での不適応を克服する助けになるだろう。

こうした考えに基づき，最新のDSM-5-TRでは，Learning Disabilities（学習障害）という用語を改め，文字や数字といった限局された能力のみに限界があるという点を強調するSpecific Learning Disorder（限局性学習症）という用語が用いられるようになっている★。

### 注意欠如多動症（ADHD：Attention-Deficit/Hyperactivity Disorder）

次にADHDであるが，学習障害と同様に学校に行き始めた6歳頃の児童に目立ち始める発達障害で，授業中立ち歩く，落ちつきがなく集中が続かない，ルールを守ることができない，などの問題行動として現われる。何かを見落としたり大事なことを忘れたりするなど，主に注意に問題がある不注意優勢型と，つい目の前のことをやってしまうなど，衝動性に問題がある多動性・衝動性優勢型の2つに分けることができる。ADHDは，前頭葉を中心とするドーパミン作動系のニューロンに関係した問題が指摘されており，多くの児童で，メチルフェニデートやアトモキセチンなどを用いた薬物が使われ効果を上げている。

### 自閉スペクトラム症（ASD：Autism Spectrum Disorder）；自閉症

自閉症という概念は，もともとは1943年のL.カナーの報告によって名づけられたものであるが，現在は，アスペルガー障害，広汎性発達障害，高機能自閉症，あるいは定型発達児との連続性を強調する自閉症スペクトラムなど，さまざまな用語と概念により，歴史的な進展を経て，より正確にこの子どもたちをとらえる試みが進行中であるといえる。逆にいえば，この子どもたちの特徴が何であるのかは，いまだ議論の真っただ中であり，ひと昔前の教科書と現代

note

★ 2025年現在，DSM-5-TRが刊行されているが，依然としてDSM-Ⅳの時代に定着した用語も用いられている。それを踏まえ，本書では，本文においてはよりなじみのある表記（発達障害，自閉症，ADHD，学習障害など）を用いる場合がある。

## Column⑯ ニューロダイバーシティー

2015年，自閉症に関する1冊の本がアメリカでベストセラーとなり，ニューヨークタイムズのベストブックに選ばれたり，イギリスでBBC主催の権威あるノンフィクションの賞を受賞したりした。本の名は*NeuroTribes: The Legacy of Autism and the Future of Neurodiversity*（『自閉症の世界』正高信男・入口真夕子訳，講談社ブルーバックス），著者はライターで作家のスティーブ・シルバーマンである。

シルバーマンは，IT産業を支える技術者集団に，割合としてautism（自閉症）の特性をもつ人が多い点を指摘し，場合によっては，1つの「自閉症文化圏＝NeuroTribes」といいうるのではないか，との仮説を呈示したのである。

近代文明社会において，学校文化から都市まで，その環境は多数派である定型発達者にあわせてつくられている。一方，少数者である発達障害の人々にとって，その環境はうるさすぎたり，わかりにくかったり，何かと暮らしにくい。単に現在の環境が多数派のためにつくられているだけで，環境をこの少数者に向けて調整しさえすれば，発達障害の人々も困難なく生きていけるのではないか。少数派であったtribeが，今，IT技術により1つの文化圏を構成しはじめているのではないか。シルバーマンの「NeuroTribes」や「Neurodiversity」という言葉には，こうしたニュアンスが込められているのである。

もちろん，こうした楽天的な仮説だけで，現場で苦労している支援者，家族の苦労が消え去るわけではない。一部の自閉症スーパースターに，みんながなれるわけではない。この点は，定型発達者が全員ヒーローになれるわけではないのと同じことだろう。とはいえ，タブレットやスマホが，たとえば発達障害の支援にどれだけ役立っているのかをみてみれば，この仮説も一定の納得感がある。

虹のスペクトル（spectrum）は，赤，黄，緑，青，紫，と複数の色を含むが，よく見れば切れ目がなく連続している。定型児と自閉症児も本当は切れ目がなく，連続的につながっている。複数の存在が切れ目なく連続的につながった多様な集団を構成することで，人類は時に画期的な発明をつくりだし生き延びてきたのではないか。シルバーマンのNeuroTribesは，この点を強調することで，発達障害のイメージをアップデートすることに成功したのである。

の教科書では，異なったことが書かれていたりする。

自閉症の現状での見解を簡単にいうと，以下の通りとなる。通説では目があわない，笑わない，人に関心を示さない，などの点で，特異な対人関係をとることで知られている。1980 年代，L. ウィングは，自閉症である自らの娘を対象に考察を行い，①対人関係，②言葉，③想像力の 3 つの問題こそが自閉症の本質であるとした。この 3 つは「Wing の 3 つ組」とよばれ，現在でも DSM の自閉症の定義にこの考えが用いられている（自閉症の診断や支援については ⇨Column ⑱⑳）。

近年の脳科学的な研究により，自閉症児がもつ認知的な側面も明らかになってきた。たとえば自閉症児は言語や知覚認知についても多くの特徴をもつ。特定の事物，知識，感覚に対して強いこだわりをもったり，知覚的に過敏になり特定の音を避けようとしたりする。また，自閉スペクトラム症児の中には，言葉を正確に理解する反面，皮肉や比喩などが苦手で，不器用さなどを併せもつ子もいる。

### 自閉症・ADHD と知的能力（知的障害）

強調すべきは，自閉症・ADHD は，基本的には知能ではうまく説明されない概念だ，という点である。もちろん，他人のいうことを無視したり，じっと座っていられなかったりするのだから，「知能検査」という形式に当てはめれば，しばしばその指数は 100 を下回ることになる（知能指数は 100 が平均である）。しかし，健常といわれるグループの中にも，数学や英語に秀でていたり，からっきしだめであったりする人がいるように，発達障害とよばれるグループの中にも特定の分野や領域で特異な才能を発揮する人がいる。サヴァン症候群とよばれるこれらのグループには，数学や芸術などの分野で活躍している人もいる。そこまでいかなくとも，一定の知的能力を発揮し，IT 技術関連の領域や大学教員などの仕事について，平均からみれば知的な職業についている者も少なくはないのである。

### 障害のもちあわせ方は 1 人ひとり異なる

これらの発達障害は，以前までの原則でいうと，併存（comorbidity）を認め

## Column ⑰ 冷蔵庫マザー

人に関心は示さないが物には強い興味を示す「自閉症」と名づけられたこの子どもたちの症状は，何に原因があるのだろう。心理学の著作を数多く著していたオーストリア出身のユダヤ人であるB. ベッテルハイムは，自閉症に関する独自の仮説をその著書を通じて広め，1967年には *The Empty Fortress: Infantile Autism and the Birth of the Self*（『自閉症・うつろな砦』）という本まで出版している。彼によれば，自閉症とは母親の養育態度が生んだ情緒に関する障害であり，後天的に獲得されたものということになる。自閉症児／者の母親がしばしばみせる「冷たい」養育態度を見て，「冷蔵庫マザー」（refrigerator mother）という用語をつくりだした。この誤った用語が現代においてもしばしば言及され，自閉症児は母親の育て方のせいで生じるという誤解につながっている。自閉症の高い遺伝率を知っている現代の私たちからすれば，この「冷たさ」の原因も推測可能ではあるが，当時（そしてしばしば今でも），発達障害の原因を養育者に求めるのにはそれなりに理由があった。

そもそも最初に自閉症を報告したL. カナー自身がそう考えていた節がある。1969年にはカナーは学会でベッテルハイムの考えを批判はしているが，1943年の最初の報告において「自閉症児の母親は愛情に乏しい」と記述しているし，1960年頃までの論文や雑誌などメディアにおいても，「自閉症は母親の愛情の欠如」と明確に述べていたのである。

もう1つ，ベッテルハイム以外の著名人も「冷蔵庫マザー」の概念をサポートしたことも大きいといわれている。ノーベル賞も受賞した動物行動学者のN. ティンバーゲンは，1983年の自らの著書で自閉症児は母親との初期の愛着が途絶えてしまうというトラウマがもたらしたものであると述べ，社会的接触を強調する「抱っこ療法」を考案した。この療法は効果がないばかりでなく，自閉症児に苦痛を与えるものであり倫理的にも大いに問題があった。

確かに自閉症の子どもたちは他人に関心を示さないので，何か対人関係に問題があるといいたくなるのかもしれない。しかし，その原因を母子関係にあるとする仮説は科学的証拠（エビデンス）に基づかない研究者の思い込みによるものであった。自閉症の子どもの率が計算され家族が調査されることで，1980年頃のデータでいえば，その発生の割合は母親の育て方とは関係がなく，およそ1万人に4人という割合で発生する遺伝的な病であることが徐々に明らかとなってきたのである。

この発生率については，診断基準の取り方で変化する。健常児との連続性を意識したアスペルガー障害を含めた自閉スペクトラム症という広い基準がとられるようになったため，1990 年頃は 330 人に 1 人の割合であったのが，2006 年には 100 人に 1 人が自閉症スペクトラム児である，といわれるようになった。

ないということであった。たとえば自閉症や ADHD といった診断カテゴリーは明確なものであるという考え方に基づき，ある発達障害の子が両方のカテゴリーの基準を示していれば，より重い方を採用するというのが原則だったのである。悪くいえば，1 人ひとりの違いには目をつぶり，とにかく 1 つのカテゴリーの中に各子どもを押し込めようする考え方が背景にはあった。しかし，DSM-5 への改訂による診断基準の変化により，併存が認められるようになっている。実際，多くの臨床現場にいる方の話を聞けば，「少し自閉を伴った ADHD の子」とか「自閉を伴って，読字に難点がある学習障害」のような事例に数多く出会っているようである。要は 1 人ひとり，パターンが異なっているのが実際なのだろう。

### 当事者研究

発達障害を考えるうえで，自閉症の研究の歴史に果たした「当事者研究」の重要さを考えることは，示唆的だろう。当事者研究とは，障害の当事者が，自らの主観的体験を語ることで，その心の状態を明らかにしていく一種の研究法であるが，自閉症者がその合理的かつ知的な世界を語るたびに，自閉症は解き明かされてきた。

中でも 1992 年，ドナ・ウィリアムズによって出版された *Nobody Nowhere*（『自閉症だったわたしへ』）は，自閉症者が書いた世界ではじめてともいえる自伝的な報告で，アメリカでベストセラーにもなった。この本を読むと，自閉症が単に他者に無関心になり「自閉的に孤立」しているのではなく，入り込んでくる感覚の洪水の中で懸命にその状況に適応しようとした結果であることがわかるだろう。

たとえば幼少期の回想では，ウィリアムズにとって，「世界は色彩に満ちており」「猛スピードですべての人が動きまわり」「騒がしい……」といった視覚，聴覚，触覚，嗅覚など，あらゆる感覚が統合されることなく中枢に入り込んでくる様子が描かれている。

こうした混乱する環境の中で，どう対処すべきかの方法として，「激しいまばたきの繰り返し」「明かりをつけたり消したりすること」といったことがこの本には書かれている。彼女自身の言葉でいえば，「パターン化されているほど，予測がつきやすいほど，安堵感は強まる」ということになる。自閉症児は扇風機や換気扇など回転するものをじっと見つめていることがあるが，こうした回転する物体も，混乱する環境の中で，「パターン化」されており「予測」できるものとして安心感をもたらすのだろう。

自閉症児が，決して他者を無視して孤立しているのではない，ということはウィリアムズの本を読めば理解できる。彼女は，何とか他者とコミュニケーションをとろうとしてきたのである。ただ，それが通常とは異なった方法だったということである。

**POINT**

- □ 1 発達障害は，主に自閉症，ADHD，限局性学習症の 3 つのカテゴリーがある。
- □ 2 自閉症，ADHD，限局性学習症などの発達障害は，知的障害の概念ではうまく説明されない。
- □ 3 各発達障害は，そのカテゴリーや診断基準も，歴史的な変遷を経て現在のものになっており，これからも変わっていくことが予測される。
- □ 4 自閉症を明らかにするうえで，当事者が書いた伝記が果たした役割は大きく，現代では「当事者研究」という 1 つの方法論となっている。

## 引用・参考文献 Reference


American Psychiatric Association 編／日本精神神経学会日本語版用語監修／髙橋三郎・大野裕監訳／染矢俊幸・神庭重信・尾崎紀夫・三村將・村井俊哉・中尾智博訳（2023）『DSM-5-TR 精神疾患の診断・統計マニュアル』医学書院

ベッテルハイム，B.／黒丸正四郎・岡田幸夫・花田雅憲・島田照三訳（1973・1975）『自閉症・うつろな砦』1・2，みすず書房

ウィリアムズ，D.／河野万里子訳（1993）『自閉症だったわたしへ』新潮社

CHAPTER

第12章

# 心の問題へのアプローチ

## アセスメントと支援

WHITEBOARD

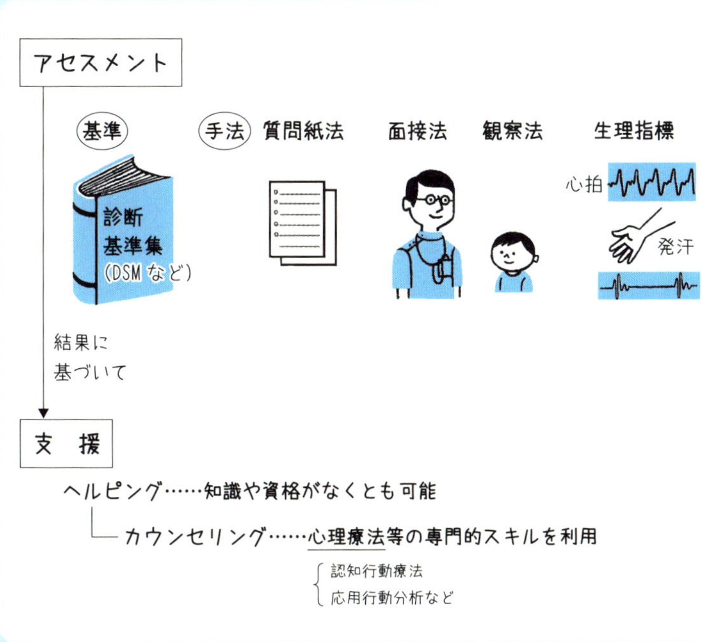

KEYWORDS

心理アセスメント　心理検査　知能検査　性格検査　発達検査　質問紙法　面接法　観察法　投影法　光トポグラフィ　DSM　カウンセリング　心理療法　認知行動療法　応用行動分析　エリス論理療法　不合理な信念　系統的脱感作法　不安階層表　リラクセーション　自律訓練法　TEACCH プログラム　自傷行動　エビデンスベースト　二次障害

# 1 心の問題にどうアプローチするか

### クライエントの問題を見極める

たとえば何らかの心の問題により学校に行けない不登校の子どもたちのことを考えてみよう。この子どもたちへの支援を考えるとき，どのようなアプローチが考えられるだろうか。

心の問題にアプローチするには，さまざまな立場からのものがある。大まかにいえば，S. フロイトに代表される力動的アプローチ，C. R. ロジャースらによるヒューマニスティック・アプローチ，A. T. ベックに代表される認知行動アプローチなどがある（詳しくは⇨第 3 節）。それぞれにおいてクライエント★の心の問題をどうとらえるかが異なっているが，いずれにしてもクライエントの利益を第一に考えアプローチすることが重要となる。

しかし，クライエントの利益とは何だろうか。不登校の子どもたちにとって単純に学校に行くことが利益なのだろうか。そうではないだろう。学校に行っていても，心に問題をかかえて苦しんでいれば，それはよりよいアプローチとはいえない。逆に苦しいからといって不登校を勧めることもまた，長い目で見たときクライエントの利益とはならないこともある。

こうした心の問題へアプローチする際の前提となる作業が**心理アセスメント**（心理査定）である。心理アセスメントとは，この子どもたちがかかえている問

note

★ 医学では患者とよぶが，臨床心理学ではクライエントとよぶ。

題をできるだけ正確に知る作業である。そこには，不登校の子がかかえている問題はどのような種類のものなのか，病的であるならばどのようなパターンのものなのか，アプローチを選択する際の情報を集める作業全般も含まれることになる。たとえばこの子はうつ病や統合失調症など，脳の状態からくる病気で学校に行きたいのに行けないのかもしれない。あるいは，友人や親子の関係など対人的な問題をかかえていて，登校できないのかもしれない。その子がかかえる問題によってアプローチは当然異なってくるだろう。次項で説明する通り，アセスメントにはさまざまな方法があるが，いずれにせよ，適切なアプローチのためにはその子がかかえている問題を見極めることが欠かせない。

心理学では，信頼性と妥当性が検討され，手法として確立されているアセスメントが数多く蓄積されている。この章ではまず，心理学におけるアセスメントにはどのようなものがあるのかを解説し，支援の方法について，主に認知行動療法について紹介していくことにする。

## アセスメントの種類

アセスメントとは，何らかの問題をかかえ病院やクリニックを訪れる人々に対して行われたり，療育施設に通う子どもたちを対象に介入方法を検討したりする際に実施される。広くとれば，さまざまな資格検査や入学試験なども，その人の状態を「検査」(test) しているという意味ではアセスメントの一種ということもできる。

心理学が歴史的に発展させ確立してきたものとして，さまざまな心理検査がある。心理検査は，大きく分けて①認知的側面を測るものと，②人格的側面を測るものに分けることができる。前者の認知的側面を測るものの代表が，知能検査である (⇨第 **5** 章)。

人格的側面を測るものの例として，質問紙を用いた性格検査（パーソナリティ検査）があり，ミネソタ多面人格目録（MMPI）などがよく知られている（⇨第 **5** 章)。

心理アセスメントのうち，認知的な側面を測るものの特徴は，基本的に何らかの問題を被検査者に与え「できた／できない」という視点で検査が行われる点だろう。ウェクスラー式やビネー式以外の発達検査なども，基本的にはある一定の年齢においてできるはずだと考えられる発達課題をパスしたかどうかによってアセスメントが行われることになる。

一方，性格検査には，こうした視点は特にない。その人が今，どの程度抑うつ状態にあるのか，どの程度過敏になっているのか，といった点が興味の対象となっているので，ここには「できた／できない」という視点は希薄である。もちろん，漠然と心の健康状態を検討しているという意味では望ましい状態であるのか否かという点は興味の対象ではあるが，発達検査のように「正解」が定義されているわけではない点が大きな違いである。

## アセスメントの方法

心理アセスメントを方法論から分類すると，測る手法の種類として，①質問紙法，②面接法，③観察法の３つがある。

質問紙法は，妥当性と信頼性（⇨第**5**章）が確認されている質問項目について，あらかじめ決められた手続きに従ってアセスメントが行われるため，誰が調べても同じ結果が出やすい。検査者の特徴や検査の場所による違いが出にくいという意味では，科学的な方法ということになる。

しかし，質問紙というものは意識的に自分の回答を調整できるため，いわゆる防衛機制が働き，本当の自分の心の問題を隠してしまっているかもしれない。そこで，クライエントのもっと無意識的な傾向を取り出す方法として，面接法が用意されている。たとえばインクの染みを見て被検査者に自由に答えてもらうロールシャッハテストや，絵に物語をつけてもらうTATなどがある（⇨第**5**章）。こうしたテストは，被検査者のその時点での不安，関心などが，あいまいな刺激に対して投影されると考えられるので，投影法ともよばれている。

自分で言葉のやりとりできない子どもたちや，面接による言語コミュニケーションが苦手な発達障害児もいるだろう。こうした子どもたちに対しては，行動を観察する観察法が用いられることもある。言葉を重視せず，行動を重視する検査法であるといえるだろう。

発達的な場面だけでなく，クライエントの教室や家庭での日常を観察するようなアプローチも観察法の１つであるといえるが，表情，身振りなどの非言語行動を観察するアプローチは，面接場面でも重視されることがある。この点では，観察法と面接法は，別のものではなく，面接法の中に観察法があるという場合もある。

質問紙や心理課題ではなく，発汗や脳波など，より生理学的あるいは脳科学的な指標が心理検査に用いられることもある。たとえば近年発展を見せているものとして，光トポグラフィという装置が前頭葉の血流量パターンを測定することでうつ病の検査に用いられ，現場で応用されている。こうした新しい検査法も，基礎的な心理学実験を積み重ねた結果として，信頼性と妥当性の観点からチェックを受け，現場に応用されているのである。

# 2 精神疾患の診断

心の問題はあいまいで複雑

### 診断とアセスメント

アセスメントと似ているが，若干異なる意味で使われるものに診断（diagnosis）がある。アセスメントは，主に心理学分野で用いられる個人の特性の検査や評価を指すのに対し，診断は主に医学分野において，心の病気に関して用いられる用語である。

たとえば，前章で述べたDSM（『精神疾患の診断・統計マニュアル』）においては，「統計」に基づき，平均から外れた臨床群を，1つのカテゴリーにまとめ名前をつけるという決定を「診断」とよんでいるのである。

しばしばアセスメントを重視するカウンセリングの立場から，診断という用語を若干批判的にとらえることがある。前者がクライエントの可能性を引き出すことを目的とするのに対し，後者はクライエントの問題を指摘し病名をつける医学モデルという具合だ。

しかし，診断は過去の積み重ねから，クライエントがどのようなカテゴリーに属する臨床問題をかかえているのかを見立てる際に重要な指針となる。何よりも，ある診断名がつくということは，保険や福祉のシステムなどを通じて社会としてその人に対処する責任が発生することを意味する。

たとえば目の前のほとんど発話しない児童をアセスメントするにしても，「自閉スペクトラム症」という診断抜きでアセスメントすることは，不可能ではないにせよ，かなりの困難が伴うだろう。診断なくしてアセスメントは成立しにくいという意味では，診断とアセスメントはセットで考えることが重要になる。

## 精神疾患の診断

前節で述べたアセスメントは，カウンセリングや心理療法の専門家によって行われる。その結果，本人のかかえる困りごとが精神疾患によるものと疑われる場合には，医師の診察を受けることになる場合が多い。どのような症状が，いつ頃から，どれくらい長く見られたかを詳しく調べ，全世界で共通して用いられている基準に照らし合わせて診断が行われる。その代表的な基準には2種類あり，世界保健機構（WHO）による『国際疾病分類』（ICD；2018年にICD-11に改訂）と，アメリカ精神医学会による『精神疾患の診断・統計マニュアル』（DSM；2013年にDSM-5に改訂され2022年に文章を変更したDSM-5-TRが発表）である。ICDは，精神疾患以外も含む死因や疾病の国際的な統計基準である一方で，DSMは精神疾患について医師が患者を診断するうえで必要な診断基準を客観的に示したものであり，いずれも世界各国で用いられている★。

DSM-5-TRでは，神経発達症，統合失調スペクトラム症，抑うつ症（うつ病），摂食症（摂食障害），など約20のカテゴリーがあり，それぞれのカテゴリーの中に，具体的な精神疾患が定義されている（統合失調スペクトラム症，双極症については⇨第**10**章）。これは「診断基準集」であるから，通常であれば，たとえば自閉スペクトラム症であるか否かの客観的な基準が明示されているものとみなさんは考えるかもしれない。しかしそこに書かれているのは，複数の文章のセットによって記述された，いわば法律のような質的な定義となっている。この基準に基づき，実際にうつ病や統合失調スペクトラム症などの診断名を決めていくのは，現場の臨床医ということになる。

note

★　ただし，これらのマニュアルは約10年おきに何度も改訂されており，精神疾患の定義そのものが変化していることに十分留意しておくべきである。

## Column ⑱ 自閉症の診断とアセスメント

自閉症診断のテストバッテリーとしては，国際的には ADOS と ADI-R が一般的である。この 2 つの検査は，日本ではようやく翻訳が整った段階ではあるが，国際的な学術論文における自閉症診断のゴールドスタンダードになっている。

ADOS は Autism Diagnostic Observation Schedule の略称で，さまざまなオモチャや道具がパッケージになっており，年齢（もしくはコミュニケーションレベル）別に 5 つのモジュールに分かれている。それぞれのモジュールは道具を使ったテストの様子を「観察（observation）」することで，テストを通過したか否か（自閉症が疑われるかどうか）に応じて加点していく。最終的には総合点を計算し，基準となる点数を超えた場合，自閉症であるとの判断が行われる。

一方，ADI-R は，Autism Diagnostic Interview-revised の略称で，養育者（親）への面接（interview）によって自閉症か否かの判断を行う。たとえば 4 歳や 5 歳の頃を思い出してもらい，当時のコミュニケーション行動をもとに検査者が半構造化面接によって点数をつけていくのである。

両検査とも，テストや質問項目は Wing の 3 つ組（⇨第 **11** 章）に基づき設計されている。すなわち，対人相互作用，意思伝達（コミュニケーション），行動や興味の限定／遊び・想像力，の 3 つである。DSM-5 における自閉症の定義ともなっているこの 3 つ組こそ，現代の精神医学／臨床心理学がとらえる，自閉症の中核的特徴といえる。

ADOS，ADI-R は自閉症診断だけでなく，アセスメントとして個々人の特徴をとらえることにも役立つ。複数のテスト項目の点数の凸凹から，何が得意で何が苦手なのかを知ることができる。こうして得意なことを手がかりに環境を調整していくことで，問題となる行動を望ましい行動に置き換える支援につなげるのである。

自閉症の診断にもアセスメントにも重要な ADOS と ADI-R であるが，いずれも 1 時間から 2 時間程度の検査時間が必要となっており，たとえば病院の外来などで訪れた子どもたちを簡単に検査するわけにはいかない。そこで，こうした「精密検査」を受ける必要があるか否かを 5 分から 10 分程度の短い時間で判断する「スクリーニング」も重要となる。

自閉症のスクリーニングとしては，いわゆる M-CHAT（Modified-Checklist for Autism in Toddlers）があり，これも Wing の 3 つ組に基づく 23 項目の簡単な質問に「はい／いいえ」と答えるだけで，リスクがある 1 歳半から 2 歳の子どもたちをピックアップすることができる。もちろん，この簡単な検査で陽性が出たからといって自動的に自閉症の診断を下すことはできないが，ハイリスク児を含む 1293 人を対象にその妥当性を検討した先行研究によれば，58 人が陽性となり，そのうちの 39 人が後に自閉症と診断されている。こうしてスクリーニング，診断，アセスメント，支援が，1 つのシステムとして実施されることにより，より有効な支援体制が組めるものと考えられる。

## 3 支援とは何か，その方法について

### 支援のさまざまな形態

心の問題をかかえた人への支援は，広い意味でヘルピングとよばれる。ヘルピングは誰にでもできる。人は辛い思いをして困ったとき，まず，身近な他者に相談することが多いだろう。家族や友人であれば，親身に話を聞き，励まし，時には叱り，よい相談相手になろうと努めるのではないだろうか。専門的な知識や特別な資格がなくとも，困っている人を支えるために相談に乗ったり，問題が軽減するように人間関係や職場環境を整えようと協力することはできる。

ただし，専門的な知識のもとに行われる相談援助は，特にカウンセリングとよばれる。カウンセリングにおいてはフロイトが創始した精神分析など，さまざまな支援の技法があるが，中でも心理療法はカウンセリングの大きな柱である。**表 12.1** に，代表的な心理療法を示す。

本節ではこの中でも，認知行動アプローチをとる認知行動療法と，行動主義的アプローチをとる応用行動分析にふれておきたい。認知行動療法は，うつ病，パニック症（パニック障害）といった疾患ごとに治療方法を確立することをめざし，着実な成果を上げている。一方，応用行動分析は疾患に特定した考えや方法をもたずに行動の変容をめざし，幅広い分野で応用されている。

CHART 表 12.1 代表的な心理療法

| 代表的な創始者 | フロイト | ロジャース | スキナー | ベック |
|---|---|---|---|---|
| アプローチ | 力動的アプローチ | ヒューマニスティック・アプローチ | 行動分析学，行動主義的アプローチ | 認知行動アプローチ |
| 心理療法 | 精神分析 | 来談者中心療法（クライエント中心療法） | 応用行動分析 | 行動療法<br>認知行動療法 |

## 認知行動療法

人は誰でも，受験失敗のような不運や不幸，うまくいかないことがあれば落ち込んだりふさぎ込んだり，やけになることがあるだろう。日常では，落ち込みの原因を受験失敗のような客観的事実のせいと考えがちである。しかし，同じ出来事であっても人によって受けとめ方はさまざまで，同じように受験に失敗したとしてもあっけらかんとしている人もいる。これは，出来事をどれだけ自分にとって致命的で取り返しのつかないものであると考えるかによって異なる（「ストレスの認知的評価モデル」も参照⇨第 **10** 章）。認知行動療法のベースとなった心理療法の１つに，A. エリスの論理療法がある。論理療法では，何か問題となる出来事が生じ，悩みや心の病が生じてしまっている場合，その原因を認知の歪みにあると考える（**Column ⑲**の論理療法のＢ「不合理な信念」に相当する★）。エリスは，出来事に対する受けとめ方が過度に自責的で決定的であるような「不合理な信念」（irrational belief）がある場合に，うつ病などの望ましくない結果が生じると考えた。起こってしまった事実は覆すことができないが，偏った受けとめ方，歪んだ認知を修正することによって治療することができると考えたのである。

しかしながら，考えを変えるのは容易なことではない。他者にいわれ，自分の認知が歪んでいると気づいた後でもついこれまでと同じように考えてしまうこともあるだろう。カウンセラーなどの第三者でも，他者の認知を目で見たり

note

★ 論理療法は，問題解決の手がかりとなる単語に，それぞれ A，B，C という頭文字がつくことから ABC 理論ともよばれるが，本文中で紹介した応用行動分析の略語は ABA（Applied Behavior Analysis）であり，これとは関連のない用語である。

## Column ⑲ エリスの論理療法

エリスは，人の悩みの原因は，困った状況そのものではなく，状況のとらえ方にあると考えた。つまり，目の前の状況を「困った」と思いさえしなければ，その悩みは存在しなくなるという発想である。ここでは，第1志望の大学受験に失敗し落ち込んでいるタケシの悩みを，論理療法の考えで解決してみよう。

手続1　困った状況を書き出す。このとき，あくまで客観的事実だけを記述し，新聞記事を書くかのように自分の感情を混入しないのがコツである。

A：adversity（客観的事実）……第1志望の大学受験に失敗した

手続2　それによって生じた自分の気持ちを書き出す。Aとは切り離し，主語を自分（ここではタケシ）とした文で，辛い気持ちをひたすら書き出す。

C：consequence（結果）……がっかりする，絶望する，家から出たくなくなる

手続3　事実に対する自分の受けとめ方を書き出す。客観的事実（A）と結果（C）を直接結びつけずに，なぜAが自分にとって不都合なのか，Aによって自分にどんなデメリットが生じるのか，Aによって他者が自分をどう思うのか，などを考えると書きやすいだろう。

B：belief（不合理な信念，思い込み）……やりたい勉強ができなくなった，友人と同じ大学に通えなくなった，これで友情が失われてしまった，将来の就職活動で不利になるに違いない，つまらない人生を送るしかない

手続4　思い込み（B）を修正する方法を考える。この思考パターンは健康な人でも同じようなものであろうが，不安障害やうつ病の場合にはBが過度に極端であることが多いため，このBが介入の対象となる。

（手段1：気をそらす）まあ，本でも読んで没頭しよう。とりあえず友人と出かけよう

（手段2：反論する）

a.　証拠を見つける……つまらない人生が確定したという証拠はどこにもない

b.　別の考え方をする……さらに志望校を考え直す時間ができた，合格した人にはできない人生経験ができた

c.　その思い込みが本当でも意味がないと考える……つまらない人生だとしても生きている意味はある，やりたかったこととは別の学問を学ぶチャンスがある

d.　思い込みが有効かを考える……いま就職活動のことを心配しても仕方がない，友人が何を思っているか1人で思い悩んだって仕方がない

CHART　図 12.1　認知の歪み

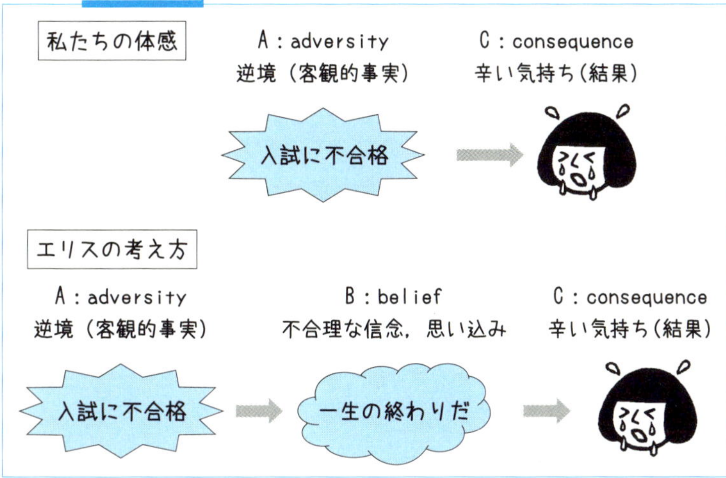


【実践】論理療法：紙に書いて練習してみよう

例題：キャシーの例　これまで 2 週間ダイエットに励んできたが，友人と外食した際，食事のカロリーを 100 kcal オーバーしてしまった。何度もダイエットに挑戦しても一向にうまくいかないならどれだけ食べても同じだ，と家に帰ってから，ポテトチップスをやけ食いした。

A：実際に起こった状況（ニュースのように事実だけを書く）

B：それに対する思い込み（「～だったはずだ」「もう終わりだ，～だ」の形）

C：その結果，どんないやなことが起きたか（当時のいやな気持ち，困った出来事）

D：考え方（B）への反論（証拠はあるか？／別の考え方はないか？／だからどうなる？／その考えに意味があるか？）

（回答例）

A：ダイエット中だったのに，外食してしまった

B：「もうダイエットは失敗だ」「私はだめ人間だ」

C：やけ食いした

D：a．外食は予定より 100 kcal 多いだけだ

b．これまで 2 週間よくがんばった

c．ダイエットに失敗してもだめ人間ということにはならない

手でふれることはできないので，言葉以上に介入することはできない。そこで，歪んだ認知に起因して生じる行動を修正することをめざす手法も有効である。

たとえば，J. ウォルピによって開発された系統的脱感作法は限局性恐怖症の改善法として有効であることが知られている。まずクライエントに，不安を感じる状況や刺激を，不安の程度が高い順に並べた不安階層表をつくらせる。次に，不安が低いものから順に1つずつ，数十秒から数分，イメージさせるか実際に体験させる。このとき引き起こされた恐怖反応をリラクセーションまたは自律訓練法で身につけた弛緩反応によって減弱させる。この，短時間の曝露と恐怖反応の減弱を繰り返すことによって，不安を感じる状況や刺激を体験してもすぐに緊張を静止することができるようになるという。これを不安階層表に従って，徐々に不安の程度が高いものにまで段階的に克服していくものである。

日常場面での例としては，参考書を見たときに「前回のテストで失敗した自分は価値のない人間だ」という不合理な信念に基づく思考が始まってしまうようであれば，まずは参考書を遠くから少しだけ見てみる。接触する時間や程度が限定されていれば，際限なく不適切な信念に陥り続ける危険は少ない。これで乗り切れた後には，もう少し近づいて見てみる。もし動悸が生じたり息が苦しくなるなどの身体症状があれば，そこで接触を中断し心を落ち着けるように努める。このように，少しずつ接触しながら，身体症状をコントロールできるようにしていけば，不合理な信念や落ち込む気分の原因となる客観的事実やそれを思い出させるような事物に接しても，自分をうまくコントロールできるようになると期待できる。

このように，異常な行動を変容させる技法である行動療法をもとに，言葉や信念の修正を中心に据えた論理療法と統合されたものを認知行動療法という。認知行動療法では，ものごとの受けとめ方や考え方を変え，問題行動ではない行動を選ぶように自分を方向づけることをめざす。これらはうつ病やパニック症のような，症状を引き起こすきっかけや事物がある程度絞り込みやすいもの，不合理な信念に起因すると考えられる症状に有効であると考えられ，不安症や抑うつ症状，摂食症，アルコール依存など（ドライデン・レントゥル，1996）の疾患ごとに特化した治療法が確立しつつある。

## Column ⑳ TEACCH と構造化

発達障害児／者の支援には，個別の支援だけでなく，グループに対して環境への適応と生活能力の獲得をめざして働きかけるプログラムという形もある。

まず，自閉症児を対象としたもので最も有名なのは，アメリカで生まれたTEACCH プログラムであろう（https://teacch.com/）。TEACCH という名前は，「自閉症及び関連するコミュニケーション障害をもつ子どもたちのための治療と教育」という意味の英語（Treatment and Education of Autistic and related Communication handicapped CHildren）に含まれる単語の頭文字を集めてきたものである。1960 年代にノースカロライナ大学で E. ショプラー博士によって創案された，自閉症の人たちに彼／彼女らを取り巻く環境の意味を伝え，意味のあるコミュニケーションを図りながら，彼／彼女らとの共存世界をめざそうとする，活動プログラムといえるだろう。

TEACCH のベースは応用行動分析であり，基本的には環境と個体との相互作用を分析し，環境を調整していく活動が主なものとなる。と同時に，療育は人生全般にわたって行われること，親（養育者）を共同療育者とすることといった，いくつかのスローガンを掲げているが，その本質的な特徴の 1 つに「構造化」がある。

構造化とは，子どもから見た世界を時空間的に限定する操作全般を指す。TEACCH といえば何かと衝立を立てて区切るということがよくいわれるが，休み時間などのうるさい環境が苦手な自閉症児が，衝立がある机に座っていると安心して落ち着く，ということは実際に現場でもよく見られる光景である。

また TEACCH では，施設での療育だけでなく生涯にわたる支援という意味でも，仕事をもつということを大事にしているが，同時に意識を集中して作業に従事する広い意味での「仕事」の時間に対比する形で，意識の集中を解く「余暇」という概念も重視している。つまり TEACCH では，「仕事」と「余暇」，あるいは集中と解放の 2 つの状態を行き来することが生きていくことであると考え，ここでもいわば人生を 2 つの状態に「構造化している」ともみなすことができる。

考えてみれば，学校にせよ職場にせよ，私たちの生活もこの 2 つの状態が入れ子になって行き来している。子どもたちからすれば，授業時間の後に休み時間があり，学校が終わると家に帰る時間がありつつも，宿題の時間もある。さらに週末には休みの日がある。

これもよくいわれていることだが，自閉症の子どもたちは，休むことが苦手である。休み時間に何をしてよいのかがわからず，学校では緊張しっぱなしで家に帰るとクタクタに疲れている，といったエピソードなどもよく聞く。そもそも2つの状態を切り替えることが苦手なのである。自閉症の認知世界は，意識を集中している状態と意識が解放している状態がパッチワークのように同時に存在しており，構造化されていない。そこでうまく休むことを学び，その切り替えも同時に訓練する。こうしたアプローチは，TEACCH だけに見られるものではなく自閉症支援全般にとっても重要なのである。

### 応用行動分析

一方で応用行動分析はスキナーの行動分析学（学習心理学の一部）を応用場面で用いたものである。学習心理学についてはすでに第**2**章でふれた通りであるが，これを発達障害児の支援に応用する応用行動分析を用いる場合に留意すべきことを述べておきたい。

発達障害児／者が他者とコミュニケーションをとり，社会の中で生きていくために困難となっていることは，しばしば「不適切な行動」であると考えられがちである。したがって不適切な行動を消去することに注意が向きがちであるが，実は適切な行動パターンの獲得のほうが大きな意味をもつという。

第**2**章でふれた自傷行動の目的は，他者の注意を引く，報酬の獲得，罰の回避，自己刺激（痛みを感じること自体が目的となっている場合）などが考えられる。これを消去するために，自傷には正の強化子を与えないという方法をとる。こうすることで表面上は問題行動が消えると考えるかもしれない。しかし，彼／彼女は「注目されたい」という欲求がかなえられない状態になってしまい，いずれ他の手段を用いてまた注目されようとする。この行動パターンが，いわゆる大声を出す「不適切な行動」であれば，また同じように不適切な行動を消去しなくてはならなくなり，元の木阿弥である。これを避けるためには「適切な行動」を獲得させることが肝要である。

第**2**章の例のように「先生！」と叫ぶことができた場合に，すぐに注目し反応してやることで，当人の「注目されたい」という欲求はかなえられるだろう。これを繰り返し経験させれば，自傷行動は欲求をかなえるための手段としての役割を終えることによって出現頻度が減ると期待できる。

以上見てきたように，支援は，科学的手法によって裏づけられた「エビデンスベースト」の研究に基づき行っていくことが理想的である。ただし，障害に起因する症状の低減だけでなく，これに基づく二次障害をつくらないことも肝要である。

## まとめ

支援とは，心の問題をもつ人を支えるために周りの人が行う働きかけである。友人や家族といった身近な他者による支援は日常のコミュニケーションの中で自然な形で行われているが，専門家による支援ではカウンセリングや心理療法などの技法が用いられる。旧来はこうした技法がどれだけ有効に働いたか事後に評価することにはあまり焦点が当てられてこなかったが，近年，脳科学の発展や社会の要請により，技法の有効性を科学的なアプローチで検証し，実用に生かしていくエビデンスベーストの支援の重要性が高まっている。本節で取り上げた認知行動療法や応用行動分析は，こうした科学に基づく新しい流れの支援の技法として注目されている。

POINT

- □ 1　支援には，身近な他者からの支援（ヘルピング），医師や心理の専門家によるアセスメントと，それに基づくカウンセリング，心理療法などがある。
- □ 2　認知行動療法では，出来事に対する不合理な信念を変え，より適切な行動をとるように方向づける。
- □ 3　応用行動分析では，不適切な行動を減らし，適切な行動を獲得させることをめざす。

### 引用・参考文献　Reference

American Psychiatric Association 編／日本精神神経学会日本語版用語監修／髙橋三郎・大野裕監訳／染矢俊幸・神庭重信・尾崎紀夫・三村將・村井俊哉・中尾智博訳（2023）『DSM-5-TR 精神疾患の診断・統計マニュアル』医学書院

ドライデン，W.・レントゥル，R. 編／丹野義彦監訳（1996）『認知臨床心理学入門——認知行動アプローチの実践的理解のために』東京大学出版会

# 事項索引

（青字の数字は，本文中でキーワードとして表示されている語句の掲載ページを示す）

## ●さ　行

## た　行

## ● や　行



## ● ら　行



## ● アルファベット

# 人名索引

## ま　行



## や　行



## ら　行

【有斐閣ストゥディア】

# ゼロからはじめる心理学・入門〔改訂版〕
## ——人の心を知る科学

*Introduction to Psychology: The Science of Human Mind*, 2nd ed.

---

2015年9月25日　初　版第1刷発行
2025年3月30日　改訂版第1刷発行

著　者　金沢創・市川寛子・作田由衣子
発行者　江草貞治
発行所　株式会社有斐閣
〒101-0051 東京都千代田区神田神保町2-17
https://www.yuhikaku.co.jp/
装　丁　キタダデザイン
印　刷　大日本法令印刷株式会社
製　本　牧製本印刷株式会社
装丁印刷　株式会社亨有堂印刷所

落丁・乱丁本はお取替えいたします。定価はカバーに表示してあります。

Printed in Japan. ISBN 978-4-641-15133-8